Traumbild Haus

Wie der Mensch auf eine Behausung angewiesen ist, so hat auch seine Seele ihre Lebensräume. Daher taucht in den Träumen oft das Haus auf. Es kann viele Bereiche symbolisieren, z. B. den eigenen Körper oder das geistig-kulturelle Gebäude des Menschen. Erneuerung dieses Hauses oder Wechsel in eine andere Wohnung weisen auf eine notwendige Wandlung hin.

Schon in unserem äußeren Leben besteht eine Wechselwirkung zwischen Mensch und Haus. Häuser prägen Menschen – Menschen prägen Häuser. Das Haus ist ein fundamentaler Mittelpunkt unseres Lebens. Die Träume eines Kindes, das sein eigenes Haus neben das Elternhaus baut und dann als seinen Eigenbereich gestaltet, stellen dessen innere Entwicklung dar. Kein Haus haben und lange eines suchen müssen, zeigt im Traum den inneren Suchweg eines Menschen; daß dabei das Haus der «Urmutter» gefunden wird, hat seine besondere Bedeutung. Das neue Haus kann auch eine Tempelpagode oder ein numinoses Bergkristallhaus sein, Hinweis auf die transzendentale Dimension unseres Lebens.

Träume als Wegweiser

Herausgegeben von
Helmut Hark, Verena Kast, Ingrid Riedel

Ruth Ammann

Traumbild **Haus**

Von den Lebensräumen der Seele

Walter-Verlag
Olten und Freiburg im Breisgau

2. Auflage 1991

Satz: Jung SatzCentrum, Lahnau
Druck: Nord-West-Druck, Trimbach
Einband: Walter-Verlag, Heitersheim
Printed in Switzerland

ISBN 3-530-01201-7

Inhalt

Vorwort von Verena Kast

Gemäß der zentralen Bedeutung, die das Haus oder die Behausung für einen Menschen hat, auch im Zusammenhang mit Menschen, die mit ihm unter seinem Dach leben, erleben wir oft Häuser im Traum. Häufig fällt uns das kaum auf, weil wir von dem Haus träumen, in dem wir wohnen – und das ist der uns vertraute Lebensraum – oder von dem Haus, in dem wir unsere Kindheit verbracht haben. Dann aber fasziniert uns plötzlich, daß unser Traumhaus sich verändert hat; da wird angebaut, abgerissen. Räume, die wir noch nie gesehen haben, gehören im Traum ganz selbstverständlich zu unserem Haus.
Das Haus, oder zumindest eine Be-Hausung irgendwelcher Art, ist für den Menschen, für sein eigenes Erleben, aber auch für die Entwicklung von Beziehungen und von Kultur von zentraler Bedeutung. Häuser geben uns die Möglichkeit, uns zurückzuziehen, bei uns zu sein. Das uns räumlich vertraute Haus trennt uns von der äußeren Welt, von Bedrohungen. So nennt denn die Autorin das Haus auch unsere «dritte Haut», bringt damit das Haus in Zusammenhang mit unserem Körper, in

dem wir uns auch mehr oder weniger behaust fühlen, mit Innenraum und unserer durchlässigen Grenze zur Welt. Damit ist bereits ein großer Symbolkreis, dem das Symbol «Haus» zugehört, angesprochen.

Das Haus ist aber auch das Gefäß für das Leben überhaupt und hat dadurch eine Bedeutung, die weit über das profane Wohnen hinausgeht. Was im Traum-Haus und am Traum-Haus sich ereignet, das geschieht in uns selbst und an uns selbst. Häuser spiegeln unser Wesen. Träume zeigen oft an, was für unsere Persönlichkeitsentwicklung und die damit verbundenen Beziehungen notwendig ist: ist es an der Zeit für einen Rückzug ins Innere? Welche Lebensräume müssen dabei besonders bewohnt oder erlebt werden? Oder müssen wir anbauen, neue Häuser bauen?

Ruth Ammann, Architektin und Psychotherapeutin, interessiert sich für die Wechselwirkung zwischen dem Haus und der Seele und wie sich diese Wechselwirkung auch in unseren Träumen abbildet. Anhand von verschiedenen Träumen zum Thema «Haus» gelingt es ihr in diesem Band, wesentliche Aspekte dieser Wechselwirkung erlebbar und nachvollziehbar zu machen. Der Leser/die Leserin wird hellhörig werden auf seine/ihre Hausträume und diese in ihrer Bedeutung besser einschätzen können.

Vielleicht aber regt dieses Buch darüber hinaus an, uns noch mehr Gedanken um unsere konkreten Häuser des Alltags zu machen, um unsere täglichen Wohnstätten und ihre Wirkung auf unsere Seele.

Die Wechselwirkung zwischen Mensch und Haus

Wer wissen will, was das *Haus in den Träumen* bedeutet, muß sich zuerst Gedanken machen über die komplexe *Realität des Hauses.* In unserer Zeit, wo wir den Sinn für die geistig-religiöse Bedeutung des Hauses fast ganz verloren haben, müssen wir uns neu darauf besinnen, daß Häuser Werke von Menschen für Menschen sind. Insofern ist die Architektur mit der Psychologie untrennbar verbunden. Wie in unserem täglichen Leben der gebaute Raum in hohem Maße den Hintergrund oder das Gefäß bildet für unser Erleben, so auch in unseren Erinnerungen und in unseren Träumen. Unser reales Erleben der Häuser ist mit dem Erleben unserer Traumhäuser sehr eng verknüpft.

Deshalb möchte ich diesem Buche einige grundsätzliche Gedanken zum Haus voranstellen und im zweiten Kapitel persönliche Überlegungen zu unseren Lebensräumen beifügen.

Ich gehe von dem einfachen, jedoch sehr bedeutungsvollen Satz aus «Menschen machen Häuser – Häuser machen Menschen». Architektur hat immer mit einem Eingriff des Menschen in die Natur zu tun, sie ist ein Stück unserer Kultur. Diese

Grunderfahrung «Menschen machen Häuser – Häuser machen Menschen» drückt einen Prozeß aus, der von der Innenwelt in die Außenwelt geht und von dort wieder zurückwirkt in die Innenwelt der Menschen. Von einem Menschen geht ein Impuls aus, er hat die Idee, ein Haus zu bauen. Er verwirklicht diese Idee in der Außenwelt, es entsteht ein Haus. Dank seiner Dauerhaftigkeit wirkt nun dieses Haus über Jahrzehnte oder Jahrhunderte auf unendlich viele Menschen, das heißt, die Menschen werden von diesem Haus geprägt. Man darf nicht vergessen, daß Häuser eine ganz besondere Art von Kulturgütern sind. Ein Buch, das uns nicht interessiert, brauchen wir nicht zu kaufen, Musik, die dem Publikum nicht gefällt, ist schnell vergessen. Auch unsere zweite Haut, die Kleider, haben nicht mehr viel Chancen, uns über Jahre hinaus zu erfreuen oder zu ärgern, die Mode wechselt viel zu schnell. Doch unser Wohnhaus, unsere dritte Haut, oder öffentliche Bauten sind fest mit der Erde verbunden. Sie sollen auch dauerhaft sein, denn das ist ihre Aufgabe. Doch das heißt, daß sie die Möglichkeit haben, langdauernd auf die Menschen einzuwirken. Auch ein Haus, das uns unwillkommen ist, können wir nicht eliminieren, es schleicht sich dauernd in unseren Blickwinkel ein! Täglich werden wir in unserem ganzen Wesen, körperlich, seelisch und geistig, von verschiedenen

Häusern angerührt. Man könnte sagen, das Fluidum eines Hauses verbindet sich mit dem Fluidum eines Menschen, und daraus entsteht etwas Neues. Wenn wir aufnahmefähig sind und bezogen auf unsere Umwelt, dann sind wir nicht dieselben, je nachdem wir in ein kleines, warmes gemütliches Holzhaus eintreten oder in ein modernes, funktionales Schulhaus. Der Körper und der innewohnende Geist dieser Häuser sind ganz verschieden und fordern uns zu verschiedenen Reaktionen unsererseits auf. Es entstehen jedesmal verschiedene Wechselwirkungen zwischen Haus und Mensch.
Doch im allgemeinen denkt man wohl nicht so sehr an diese Hausseele oder Hauspersönlichkeit, sondern viel mehr an sich selber als Bewohner eines Hauses und meint, man würde allein die darin herrschende Atmosphäre bestimmen. Viele Menschen sind ja geneigt, sich selber über ihre Umwelt zu stellen, insbesondere über ein Haus, das scheinbar tote Materie ist. Sie vergessen, daß sie immer verwoben sind mit der Umwelt, daß immer eine Verwebung zwischen dem Wesen der Bewohner und der Hauspersönlichkeit stattfindet.
Wenn wir Träume verstehen wollen, in welchen ein Haus vorkommt, meine ich, wir sollten die Traumhäuser sehr sorgfältig erspüren. Wie war der Körper des Hauses, seine Wände, seine Fenster, seine Türen, das Dach? Wie fühlte sich etwas an, und wie

reagierten wir darauf? Welche Farben hatte es? War es hell oder dunkel, wohlig warm oder unangenehm kalt? Wie roch es? Gab es Töne im Haus? Musik? Welch ein Geist schwebte in den Räumen des Hauses? Stimmte er uns lebensfroh, oder bedrohte uns etwas Unheimliches? All dies ist wichtig, um die Ausstrahlung eines Hauses zu erfassen, denn es ist mit allen positiven und negativen Eigenschaften ein höchst *lebendiges Wesen* und spiegelt in den Träumen oft unser eigenes, meist unbewußtes Seelenhaus, das körperliche, seelische und geistige Gebäude, in welchem wir uns befinden.
Lebendig heißt aber auch beseelt. Wie kann man das verstehen? Hat nicht jede verarbeitete, gestaltete Materie eine Seele in sich? Man könnte sogar sagen zwei Seelen, eine der Materie immanente, in ihr schlummernde Seele, die es zu erwecken gilt, und darüber hinaus ein Stück der Seele dessen, der die Materie gestaltet und verarbeitet, der ihr eine neue Form gegeben hat.
Stellen wir uns einen einfachen Stuhl aus Holz vor. Da hat sich ein Schreiner in das Wesen des Holzes eingefühlt, die Stücke sorgfältig ausgewählt, damit sie den Anforderungen des Stuhles entsprechen. Er hält Zwiesprache mit dem Holz: indem er nach außen schaut auf das Holz und sich bemüht, dessen Struktur, Farbe, Glanz richtig herauszuarbeiten und zur Geltung zu bringen. Er schaut aber auch in

sich hinein, wo er in seiner Vorstellung das Bild des fertigen Stuhles sieht. So geht der Gestaltungsprozeß hin und her, bezogen nach innen und bezogen nach außen, und wir sagen dann, der Schreiner arbeite mit Liebe. Mit Liebe zum Material, aber auch mit Liebe zum Menschen, der den Stuhl benützen wird, denn ihm soll wohl sein auf dem Stuhl, und er soll ihm auch gefallen. Der Schreiner arbeitet aber auch mit Liebe zu sich selbst, denn auch er ist glücklich, wenn es ihm gelingt, *sein inneres Bild* von *seinem* Stuhl zu verwirklichen. So beginnt der Stuhl zu leben, er hat eine liebevolle Ausstrahlung, die gut auf die Menschen wirkt.

Heute sind die Schreiner selten geworden, die uns auf diese Weise einen Stuhl herstellen. Aber auch ein Kunststoffstuhl, der zu Tausenden hergestellt wird, kann diese Bezogenheit auf den Menschen und das Material in sich tragen, wenn der Designer sich liebevoll in seine Mitmenschen und sein Material eingefühlt hat. Wo aber diese liebevolle Bezogenheit fehlte, dafür Gleichgültigkeit und Profitgier herrschten bei der Herstellung eines Gegenstandes, müssen wir uns nicht wundern, wenn er eine lebenswidrige Rückwirkung auf uns hat.

Das Beispiel des Stuhles läßt sich gut übertragen auf das Erbauen eines Hauses und auf dessen Einrichtung, nur ist ein Hausbau ein unendlich vielgestaltigeres Geschehen. Man könnte sagen, ein guter Architekt sei ein Mensch, der aus der Ganzheit seines Menschseins heraus arbeitet. Er muß bezogen sein auf die Bedürfnisse und Wünsche des Bauherrn, auf die Eigenschaften des Grundstücks (im weiteren Sinne auch der Umwelt) und der Baumaterialien und auch auf sein Inneres, sein Wissen, seine Erfahrung, seine Möglichkeiten. Er sitzt sozusagen im Schnittpunkt eines Kreuzes und sammelt in sich, wie in einem Gefäß, die Informationen aus diesen vier Richtungen. In diesem Zustand ist er empfangend, kontemplativ, seine weibliche Seite ist lebendig. Dann aber setzt er die aufgenommenen Informationen um in die Tat, nämlich die Erbauung eines Hauses. Dabei kommt seine männliche, aktive Seite zum Zuge. Dieses Hin und Her zwischen Aufnehmen und aktivem Handeln, dieser Umwandlungsprozeß im Dienste des Menschen, für den er baut, der Natur, der Materie und sich selber in ein konkretes Gebäude, ist seine schöpferische Leistung. Sie schlägt sich nieder in der Seele des Hauses; man könnte auch sagen im Fluidum des Hauses. Auch wenn ein Haus noch nicht bewohnt ist von Menschen, so ist es doch bewohnt, eben von dieser Hausseele. (Die Vorstellung, ein Haus habe eine Seele, ist natürlich nicht nur meine persönliche Vorstellung. Sie geht u. a. aus den Beschreibungen von alten Bauritualen hervor, bei welchen ein Tier oder ein Mensch, vorzugsweise die Mutter, Schwester oder Gattin des Baumeisters, als seine «Seelenseite» ins Bauwerk eingemauert werden mußte, um es beständig zu machen. Eines dieser Rituale wird von Mircea Eliade wiedergegeben in seinem Buch «Von Zalmoxis zu Dschingis-Khan», in der rumänischen Ballade von Meister Manole, der seine Liebste einmauern mußte, um den Bau eines Klosters vollenden zu können.)

Da kommt uns wieder der Satz in den Sinn: «Menschen machen Häuser – Häuser machen Menschen». Er sagt nichts anderes aus, als daß diese Hausseele, wie auch immer sie sein mag, lebensfördernd oder lebensbehindernd, zurückstrahlt auf die Menschen und sie beeinflußt. Stimmt uns das Wissen um diese Zusammenhänge nicht nachdenklich?

Persönliche Gedanken zur Symbolik des Hauses

Das nebenstehende Bild ist mir lieb, weil ich darauf einige Gedanken zur Symbolik des Hauses bildlich dargestellt sehe, die mir sehr wichtig sind. Es ist ein Ausschnitt aus dem Marienportal der Kathedrale von Chartres und zeigt Maria im Bett liegend. Ihr Bett ist eingerahmt von einer Art Häuschen, das ihr Schutz und Geborgenheit gibt. Links neben dem Häuschen steht Josef. Seine linke Hand liegt auf dem Häuschen, wie wenn er sagen wollte: «Dieses Haus habe ich gebaut!», was wohl auch so ist. Josef war ja Zimmermann. Die Geste zeigt aber nicht nur an, daß er der Erbauer dieses Hauses ist, sie hat auch etwas Schützendes an sich. Josef steht da und beschützt die Geborgenheit Marias, damit sie sich in Ruhe erholen kann von der Geburt des göttlichen Kindes Jesus. Dieses Kind, das für uns der Beginn einer neuen religiösen Kultur bedeutet, liegt nicht bei oder neben seiner Mutter, sondern *auf* dem Häuschen. Das von Josef für Maria erbaute Gebäude *trägt* das Kind, es schließt es nicht ein. Das Kind liegt wie auf einem Altar – mit dem Blick gegen den Himmel – in direkter Beziehung zu Gott.

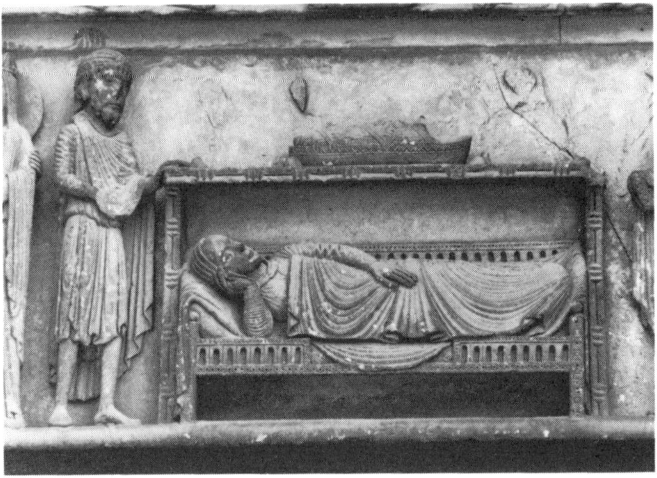

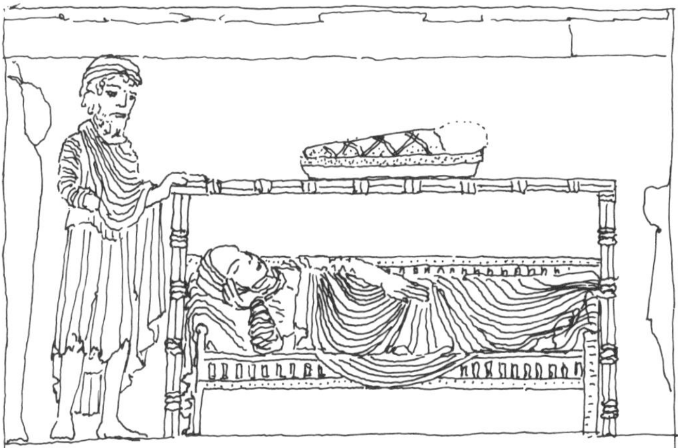

Wir können das Bild auch betrachten, indem wir absehen von unserem Wissen um die göttliche Familie, und nur die Grundstruktur des Bildes aufnehmen. Dann sehen wir einfach und deutlich betont die Senkrechte und die Waagerechte, dargestellt in einem stehenden Mann und einer liegenden Frau. Dieselben Elemente der Senkrechten und der Waagerechten sehen wir im Bett und in dem Häuschen, welches Maria umgibt. Es sind die beiden Konstruktionsgrundelemente beim Bauen, deshalb trägt der Baumeister oder Handwerker ein Senkblei (Lot) und eine Wasserwaage bei sich.
Um uns die Bedeutung der Senkrechten und der Waagerechten klar zu machen, können wir zuerst beides an uns selber als ganzheitlichem Mensch erspüren. Wenn wir auf einer Wiese *liegen,* erleben wir die Waagerechte. Wir sind mit dem ganzen Körper, von Kopf bis Fuß, mit der Erde verbunden. Wir erleben uns ruhend, entspannt, unser ganzes Gewicht wird von der Erde getragen. Wenn die Erde gut ist, angenehm warm und weich, erleben wir sie als etwas gutes Mütterliches, das uns wohltut. In dieser waagerechten Ruhelage pflegen wir auch zu schlafen und uns den Träumen hinzugeben. Auf diese Weise erleben wir die Waagerechte zweifach, an der Erde als dem Urbild der großen *tragenden* Waagerechten und an uns selber als der liegenden, *getragenen* Waagerechten. Na-

türlich erfahren wir die Horizontale auch am Horizont und am Wasser. Beim Bauen brauchen wir ja eine Wasser-Waage, weil das Wasser wegen der Erdanziehung immer in die waagerechte Ruhelage zurückfließt.

Wenn wir *stehen,* erleben wir uns hingegen in einer ganz anderen Weise. Nur noch unsere Füße sind mit der Erde verbunden, der übrige Körper richtet sich auf gegen den Himmel, in die Senkrechte, wie ein Baum, ein Pfahl, eine Säule. In dieser Stellung können wir nicht schlafen, wir sind wach und aktiv, auch bereit zur Fortbewegung. Wir brauchen Kraft, um uns aufrecht zu halten, um so weniger Kraft, je zentrierter wir stehen, je besser wir unsere Körpermasse einbalancieren um die zentrale Senkrechte. Wie wichtig diese Zentrierung um die Senkrechte ist, erleben wir ganz besonders, wenn wir ein Gewicht auf dem Kopf tragen, sozusagen zur tragenden Säule werden. Jede Verschiebung aus der Senkrechten würde uns zusätzliche Kraft kosten, wir würden schneller ermüden und letztlich seitlich ausknicken. So ist die Senkrechte für die Menschen ein Urbild für die Gravitationskraft, die Erdanziehung.

Auf diese Weise erleben wir an uns selber auch die Grundelemente eines Hauses, des Bauens überhaupt. Die Erde als den waagerechten, tragenden Grundboden. Dann die senkrechten Wände, Pfeiler und Säulen, welche ja oft wie Menschen gestaltet wurden, als die aufragenden, tragenden Elemente. Als deren obere Begrenzung finden wir wieder die Waagerechte, die Decken und Balken, diesmal als getragene Elemente, die aber, wenn sie stark genug sind, wiederum zum tragenden Element für weitere Aufbauten werden.

So finden wir beim Menschen wie in kleinerem Ausmaße auch beim Hause den Wechsel der Gegensätze, wie senkrecht und waagrecht, stehend und liegend, tragend und getragen, aktiv und passiv, wach und schlafend, in einem gewissen Maße auch bewußt und unbewußt, männlich und weiblich, im biologischen Sinne vielleicht auch Mann und Frau, weil die Frau wegen ihrer Fruchtbarkeit in Verbindung gebracht wird mit der Erde. Nicht in diese Reihe der Gegensätze hineinbringen darf man meines Erachtens Mann und Frau, wenn man sie als ganzheitliche Menschen betrachtet, selbst wenn sie im Bild an der Kathedrale von Chartres als Mann-Senkrechte und Frau-Waagerechte dargestellt sind. Ich meine, daß doch in jedem Menschen alle diese Gegensätze vorhanden sind, also auch männliche *und* weibliche Seiten.

Doch wollen wir das Wesen der Waagerechten und Senkrechten noch von einer anderen Seite her erspüren, denn es gibt noch einen ganz wesentlichen Unterschied.

Liegend sind wir mit dem ganzen Körper in enger Verbindung mit den Erdkräften, man könnte auch sagen mit dem Geist der Erde. Nicht umsonst ist die Schlange unter anderem ein wunderbares Symbol für die Erdkraft, die Erdenergie. Diese Kraft, die den Menschen aus der Verbindung mit der Erde, also auch der Waagerechten, zukommt, ist eine unserer wesentlichen Urerfahrungen (vgl. Sauer, Traumbild Schlange).
Wenn wir uns aufrichten in die Senkrechte, entfernen wir uns mit dem Kopf um eine Menschenlänge von der Erde und kommen näher zum Himmel und zum Licht. Der Mensch ist dann ebenso ein Bild für die Verbindung zwischen Himmel und Erde wie der Berg, der Baum, eine Säule, ein Kirchturm, der von der Erde zum Himmel aufsteigende Rauch oder die Töne in der Musik. Die von der Erde zum Himmel aufsteigende Senkrechte verbindet dann die beiden kosmischen Ebenen der Erde und des Himmels und bedeutet für den Menschen das Urerlebnis seiner Verbundenheit mit den Kräften des Himmels, mit den von oben kommenden Energien. So symbolisiert in diesem Bild Josef, der Mann, die Verbindung des Menschen zum Himmel, zu seinem Geist und seinen Energien, und Maria, die Frau, die Verbindung zum Geist der Erde und ihren Kräften. Beide sind gegensätzlich, aber gleichwertig, und gehören zusammen als ein

Ganzes. Aus ihrer Verbindung entsteht ja als Symbol für die Vereinigung der Gegensätze das göttliche Kind, ein Symbol für die Ganzheit.

Im weiteren sehen wir auf dem Bild noch ein Paar von Gegensätzen, die – obwohl Gegensätze nicht identisch sind – doch ohne einander nicht sein können. Es ist das Innen und das Außen, die als Ganzheit zusammengehören. Wir sehen Maria *im Hause* und Josef *außerhalb des Hauses.* So wie vom Menschen aus gesehen die Innenwelt und die Außenwelt nicht identisch sind und doch beide zu ihm gehören, das heißt, er sich selber nur als Ganzheit erlebt in seiner Bezogenheit auf seine subjektive Innenwelt und die ihn umgebende Außenwelt, so hat auch ein Haus einen Innenraum, eine Innenwelt, und einen Außenraum, eine Außenwelt. Wesentlich am Haus ist ja, daß wir hineingehen können und wieder hinaus, daß wir uns frei bewegen können zwischen zwei Welten. So stellt hier Maria die Innenwelt dar, man könnte auch sagen die kontemplative Seite des Menschen, und Josef die Außenwelt, die aktive, agierende Seite des Menschen. Auch hier ist das Kind das Neue, die Ganzheit, die aus der Vereinigung der Gegensätze entsteht und von ihr getragen wird.

Hier kommen wir zu einem weiteren, tieferen Sinn, den ich in diesem Bilde sehe und der es mir besonders lieb macht. In meiner Vorstellung ist

Gott die Urkraft der frei fließenden schöpferischen Energie, die immer und immer wieder gewandelt, verwirklicht, inkarniert werden will, auch durch uns Menschen. Gott braucht die Menschen, um sich verwirklichen zu können. Man kann die schöpferische Energie Gottes auch in der Kraft sehen, die vom Selbst des Menschen ausgeht, der Ganzheit der vielfältigen, bewußten und unbewußten Persönlichkeit eines Menschen, die sich hörbar macht durch unsere innere Stimme, sichtbar durch unsere inneren Bilder und spürbar durch unser inneres Berührtsein. Es gibt viele Wege, auf welchen das Selbst mit unserem bewußten Ich in Beziehung treten kann, vor allem aber durch unsere Träume. Sie sind die Brücken zu den unbewußten Seiten unserer Seele, zu unserem Selbst, oder letztlich zu dem, was wir das Göttliche nennen. Wir können uns der Begegnung mit dem, was uns über diese Brücke entgegenkommt, nicht entziehen (auch wenn wir es über die Brücke stoßen, das heißt verdrängen, kommt es später in anderer Form über eine andere Brücke wieder!), denn es will in unser Leben aufgenommen werden, bewußt gemacht werden, verwirklicht werden. Wir Menschen sind die Wandlungsgefäße für die Urenergie: «Die Aufgabe des Menschen nämlich wäre, sich dessen, was vom Unbewußten her andrängt, bewußt zu werden, anstatt darüber unbewußt oder damit identisch zu bleiben. In beiden Fällen würde er seiner Bestimmung, Bewußtsein zu schaffen, untreu. Soweit wir zu erkennen vermögen, ist es der einzige Sinn der menschlichen Existenz, ein Licht anzuzünden in der Finsternis des bloßen Seins. Es ist sogar anzunehmen, daß, wie das Unbewußte auf uns wirkt, so auch die Vermehrung unseres Bewußtseins auf das Unbewußte.» (C. G. Jung, Erinnerungen, S. 329)

Wir werden diesem Gedanken im Laufe dieses Buches wieder begegnen, ich möchte ihn aber hier erstmals beleuchten durch folgenden Traum einer Frau:

Im Traum sah sie ein Haus und nördlich vom Haus einen flachen, weißen, kreisrunden Stein, etwa 4 m Durchmesser, der ganz leicht nach innen gewölbt war. Er lag wie eine gegen den Himmel geöffnete, ganz flache Schale (oder wie ein Radarschirm) auf der Erde. In der Mitte des Steines saß ein Mensch im Lotossitz, das Gesicht gegen Norden gerichtet. Nun sah die Träumerin, wie von beiden Seiten, also von Nordwest und Nordost, Strahlen auf diesen Menschen trafen, die dort wie in einem Gefäß gewandelt wurden und wieder wegstrahlten in Richtung Südwest und Südost, links und rechts neben dem dahinterliegenden Haus vorbei, dieses aber gleichsam einschließend.

Wenn wir uns intensiv in das Traumbild hineinversetzen, vielleicht an die Stelle des Menschen, der im Lotossitz im Steinkreis sitzt, dann fällt uns wohl zuerst auf, daß er weder steht noch liegt, sondern auf eine besondere Art sitzt, die eigentlich beides vereint. Er ist fest mit der Erde verbunden und ist doch aufgerichtet gegen den Himmel. Er ist ruhend und doch wach, er ist kontemplativ und doch aktiv, indem er die Strahlen in sich wandelt. Wenn wir an das früher über die Gegensätze Gesagte denken, dann befindet er sich in dem besonderen Zustand, welcher diese Gegensätze in sich vereint. Auch spüren wir, daß dieser Mensch im Zentrum des Kreises symbolisch steht für jeden Menschen, der zum Wandlungsgefäß wird für die ihn treffenden Strahlen, die man auch schöpferische Energien oder Kräfte Gottes nennen kann. Wie sich Maria nicht geweigert hat, den Geist Gottes in sich aufzunehmen und ein Kind in sich wachsen zu lassen (obschon wir im Lukasevangelium lesen können, daß sie erschrak über die Botschaft des Engels, wohl, weil sie ihr viel zu überwältigend und auch fremd vorkam, und im Matthäusevangelium, daß Josef sie heimlich verlassen wollte, als sie schwanger wurde, wäre ihm nicht der Engel des Herrn im Traum erschienen und hätte ihn geheißen, sie zu sich zu nehmen), weigert sich auch der Mensch in unserem Traume nicht, die Strahlen aufzunehmen, zu verarbeiten und weiterzugeben. Der Traum wollte ihm wohl die Aufgabe nahebringen, die ihm zukommenden Kräfte zu nutzen, um ein Haus zu bauen oder sich im weiteren Sinne mit «dem Haus» zu beschäftigen. Er, es war ein mit der Träumerin tief verbundener Mensch, hat den Traum auch ernst genommen. Er hat sich des Hauses, das ja in den weggehenden Strahlen eingeschlossen war, angenommen. Er beschäftigte sich von da an mit der inneren und äußeren Bedeutung des Hauses im allgemeinen. Das war seine Aufgabe, für welche ihm auch die nötige Energie zukam, die im Traum durch die Strahlen, die ihn trafen, sichtbar gemacht wurde. Dürften oder könnten wir uns überhaupt einer Aufgabe entziehen, die uns aus unserem inneren Selbst entgegenkommt?

Gehen wir zurück zur allgemeinen Bedeutung des Traumes. Daß der Mensch nicht *im* Hause sitzt, sondern die Strahlen unter freiem Himmel empfängt, scheint mir sehr wichtig, denn es bedeutet die vollkommene Offenheit für die ihn treffenden Energien, sozusagen eine direkte Beziehung des Menschen zur göttlichen Kraft. Jedes Haus ist ja als Ausdruck seiner Zeit ein Stück der betreffenden Kultur, trägt also einen bestimmten Geist in sich. Auch ein Gedankengebäude, wie wir das innerseelische Haus nennen können, ist aus Bausteinen des vorherrschenden kollektiven oder persönlichen Bewußtseins oder Gedankengutes erbaut.

Deshalb müssen wir symbolisch aus dem Hause hinausgehen, das vorhandene Gedankengebäude verlassen, wenn wir frei sein wollen und offen für neue Impulse und Kräfte. Unter freiem Himmel sitzt der Mensch des Traumbildes auf dem runden Stein, der ihn einerseits fest verbindet mit den Kräften der Erde, andererseits aber, als nach oben geöffnete Schale, auch die Kräfte des Himmels auf ihn versammelt. Für ihn bedeutet das, daß er frei und offen ist für das, was auf ihn zukommt, unbelastet, aber auch ungeschützt durch schon vorhandene Gedankengebäude.
Gehen wir nochmals zurück, nun zum Bild vom Marienportal. Maria war das Wandlungsgefäß für die Schöpferkraft Gottes. Sie gab mit ihrem Körper Raum zur Entstehung des Kindes, ihr Körper war symbolisch gesehen das Haus, in welchem der Geist Gottes Mensch werden konnte. In diesem Sinne werden wir sehen, daß in den Träumen das Haus oft den menschlichen Körper symbolisiert, den Körper als sichtbare Wohnung für Geist und Seele, so wie der Baukörper als Wohnung oder Gefäß für die Hausseele oder den Hausgeist.
Doch ist der Körper als natürliches Haus für die Seele sehr verletzlich und ungeschützt vor den Einflüssen der Natur und vor den Angriffen anderer Menschen und der Tiere. Deshalb braucht er ein zweites, starkes, dauerhaftes Haus, das ihm

Wärme und Ruhe gibt. Auch Maria brauchte das, darum ist es so sinnvoll, daß Josef ein Zimmermann war, einer, der die Phantasie, das Wissen und die Tatkraft hatte, die es braucht, um ein Haus zu bauen. Leben in sich wachsen zu lassen und gebären ist das eine, bewußt und kunstvoll Raum zu schaffen für dieses Leben ist das andere. Daher ist das Haus in den Träumen oft auch Symbol für das Bewußtsein und die Kultur eines Menschen oder einer Menschengruppe.

Daß das Kind auf dem Bild nicht *im* Hause, das Josef für Maria gebaut hat, eingeschlossen sein kann, versteht sich nun von selbst. Es symbolisiert ja das werdende Neue, das die bestehende Religion transzendiert. Es wird vom Gebäude der religiösen Kultur seiner Eltern getragen, wie eine Blume von der Erde getragen wird. Und wie die Blume in der Erde wurzelt, sollte das Kind in der Kultur der Eltern wurzeln können, aber die Blüte möchte sich frei gegen den Himmel öffnen, um immer wieder neue Kräfte und Strömungen in sich aufzunehmen. Ist es nicht so, daß jede neue Generation die Kultur ihrer Eltern verändern und weiterentwickeln möchte? Oder ist es so, daß die neuen Generationen im Kulturgebäude ihrer Eltern gefangen werden und ersticken?

Jesus, das Kind im Bild, welches für uns das Symbol ist für unsere christliche Religion der Liebe, im

Sinne von liebender Bezogenheit auf alles Lebendige, muß auch heute noch *getragen* werden von unserer Kultur und nicht eingeschlossen und erstickt.

Zum Schluß ist es mir ein Anliegen, den tiefen Sinn in diesem Bild, welches viele wesentliche Gegensätze aus unserem Leben zeigt und vereinigt, auch auf eine ganz alltägliche Mann-Frau- oder Mensch-zu-Mensch-Verbindung zu beziehen. Der Körper der Frau ist ja nicht nur im biologischen Sinn das natürliche Haus für das werdende Kind, sondern er gibt auch Raum für seelisch-geistige Kinder, die die Frau in sich wachsen läßt, ja oft wachsen lassen *muß*, denn es ist in vielen Frauen ein tiefer, innerer Drang da, der sie zu geistigem Schöpferischsein treibt. Wie schon gesagt, dürfen wir uns dem Gebot Gottes oder unseres Selbst nicht entziehen. Aber auch dann braucht sie Schutz und Wärme und freut sich über ihren Zimmer-Mann, der ihr «ein Haus» baut, damit sie sich in Ruhe ihrer Aufgabe widmen kann. Und hat nicht auch jeder Mann eine Maria in sich, seine weibliche Seite, die in Form von schöpferischen Werken Kinder gebären kann? Dann ist er schutzbedürftig und braucht eine Zimmer-Frau, die ihm ein Haus baut. Hat nicht auch jede Frau einen Josef in sich, ihre männliche Seite, der mit seiner Erfinderkraft und Tatkraft Häuser

bauen kann, irdische aus Holz und Stein oder seelische aus Liebe, Wärme und Verständnis?
Jeder kann für den andern ein Haus bauen, jeder kann in seinem Tun bezogen sein auf den andern, damit dieser sich in Ruhe der Aufgabe widmen kann, nach seiner Art neues Leben entstehen zu lassen. Diese Bezogenheit sehe ich im Bild in der Art, wie Josef liebend und schützend seine Hand auf das Häuschen um Maria legt. Es liegt keine Macht und Unterdrückung in dieser Geste, sondern liebende Bezogenheit von Mensch zu Mensch, welche, wie ich meine, das religiöse Gebäude ausmacht, welche das Gotteskind trägt.

Das innere und das äußere Haus: ein Spiegeltraum

In der Zeit, als ich begann, intensiv der Symbolik des Hauses in den Träumen, dem Thema dieses Buches nachzuspüren, saß ich oft an meinem Schreibtisch und betrachtete den Raum um mich herum. Durch eine Glastüre konnte ich das Zentrum des Hauses sehen, wo der runde Eßtisch steht. In seiner Mitte leuchtete ein Strauß aus farbigen Gartenblumen. Ich betrachtete die Räume nicht nur, sondern erspürte sie und freute mich, daß ich mich in Harmonie fühlte mit der Seele des Hauses. Mit der Seele des Hauses? Ja, wie ich schon früher sagte, habe ich die Vorstellung, daß ein Haus beseelt ist, daß es nicht nur ein totes Gefäß ist für die Vielfalt der Lebensäußerungen einer Familie oder das Leben einer religiösen oder weltlichen Gemeinschaft, sondern daß es auch ein eigenes Leben hat, eine eigene Seele. Die Existenz dieser Seele können wir nicht beweisen, doch wir erspüren und erleben sie, sie beeinflußt unser Befinden täglich.

Andererseits ist es auch meine Überzeugung, daß diese Hauspersönlichkeit oder Hausseele ganz entscheidend geprägt wird vom Architekten. Dadurch

komme ich zu der Feststellung, daß wir alle über den Weg der Häuser, die wir bewohnen, durch die Persönlichkeit der Bauenden und der für das Bauwesen Verantwortlichen tiefgreifend beeinflußt werden.
Dieser Gedanke erschreckt mich. Ich frage mich: Wer sind diese Menschen, die bauen? Welches Bild haben sie von den Menschen, für die sie bauen? Wieviel wissen sie über die Seele der Menschen, wieviel über die Wechselwirkung zwischen der gebauten Außenwelt und der menschlichen Innenwelt? Sind sie sich ihrer großen Verantwortung den Menschen und der Umwelt gegenüber genügend bewußt? Insbesondere der Verantwortung für die große Mehrheit, die nicht selber bestimmen kann über die Lebensqualität ihrer Häuser? Verdrängen nicht gerade im Baugeschäft Zeitdruck, Profitdenken und sogenannte Sachzwänge den Sinn für die seelisch-geistigen Qualitäten der Bauten?
Diese Fragen beschäftigen mich schon lange und bilden den Hintergrund für mein Zusammenbringen von Architektur und Psychologie.
In dieser Zeit nun stand ich einerseits im Dialog mit der Seele meines Hauses im besonderen, indem ich hin und her ging zwischen meinem subjektiven Gefühl für mein Haus, nämlich der Bedeutung, die das Haus innerlich für mich hat, und dem, was ich

außen mit meinen Sinnen wahrnahm, indem ich mich bestmöglich auf das konkrete Haus konzentrierte. Andererseits dachte ich über die Rückwirkung der Architektur auf den Menschen im allgemeinen nach. Da träumte ich folgendes:
Ich befand mich auf einem offenen Platz in einer Stadt. Neben mir saß ein mir unbekannter Mann und bearbeitete einen schwarzen Stein, etwa von der Größe eines Backsteins. In diesem schwarzen Stein waren ganz feine Goldschichten eingelagert. Der Mann war offensichtlich damit beschäftigt, mit seinen Werkzeugen das Gold aus dem Stein herauszuarbeiten. Ich fragte ihn, ob er mit einem Diamant arbeite, denn ich hätte auch einen schwarzen Stein, in den ich etwas einritzen wollte. (In Realität hatte ich auf meinem Schreibtisch einen runden, flachen, schwarzen Schieferstein, in welchen ich mit einem Diamantzeichner etwas einzeichnen wollte.)
Im selben Moment, als ich den Mann fragte, hielt ich diesen meinen Stein in der Hand und sah darauf ein Bild. Der Stein kam immer näher, wurde immer größer, bis ich im Stein drin war wie in einem Raum und das aufgezeichnete Bild nun dreidimensional erlebte. Vor mir sah ich ein Fenster. Der linke Fensterflügel stand weit offen, der rechte etwa 120° nach innen geöffnet, also in der Weise, daß ich mich selber zusammen mit dem Innenraum darin hätte spiegeln können. Ich sah aber nicht mein Bild darin.

Durch die weitgeöffnete Fensterseite sah ich gerade hinaus auf das Großmünster von Zürich. Im nicht ganz geöffneten Fenster sah ich dessen Spiegelbild, seitenverkehrt, durch das Fensterglas leicht verzerrt.

Auf den ersten Blick glaubt man, es sei klar, daß sich das Großmünster im Fenster spiegle. Wenn man aber genauer hinschaut, stellt man fest, daß es unmöglich ist, daß sich ein Gegenstand außerhalb des Fensters im derart gestellten Fensterflügel spiegeln kann. In dieser Position kann das Fenster nur den Innenraum oder einen Menschen im Raum drin spiegeln. Im Traum hätte das Fenster mich spiegeln können, ich sah aber das Spiegelbild des Großmünsters, was bedeutet, daß das Bild des Großmünsters zuerst auf mich traf und dann von mir her im Fenster gespiegelt wurde. «Augen, meine lieben Fensterlein . . .» sagt Gottfried Keller in einem seiner Gedichte. Auch in diesem Traum ist das Fenster vergleichbar mit den Augen, und das Haus, in welchem ich mich befinde, vergleichbar mit meinem Körper, in welchem ich zu Hause bin. So könnten wir zu diesem Traumbild vorerst sagen, daß zwischen dem äußeren, objektiven Bild des Großmünsters und dem inneren, subjektiv reflektierten Bild desselben eine Verbindung besteht, die über den betrachtenden Menschen, eben über die Augen geht. Dabei kann es so sein, daß das äußere Bild sich durch das Betrachten in der Seele des Menschen als inneres Bild festlegt oder daß das innere Bild nach außen projiziert wird, respektive durch schöpferische Gestalten in der Außenwelt hergestellt wird. Das heißt also, daß unsere Umwelt, ob schön oder häßlich, erheiternd oder bedrückend, sich in unserer Seele niederschlägt, Teil wird unserer Persönlichkeit. Und umgekehrt bestimmen unsere inneren Bilder, unsere innerseelische Persönlichkeit unser Handeln in der Außenwelt (dazu gehört eben auch das Bauen von Häusern!).

Für mich war dieser Teil des Traumes deshalb sehr wichtig, weil er mir sagte, daß zwischen dem Traumbild Haus und den Häusern in der Außenwelt eine direkte Beziehung besteht und man den einen Aspekt nicht vom andern trennen kann. Um dem Symbol Haus gerecht zu werden, gehören beide Aspekte zusammen. Uns ist diese Tatsache von der Seite her bekannt, daß der Architekt seine Idee, sein inneres Bild, nach außen bringt als konkretes Bauwerk. Weniger geläufig und in seinen Konsequenzen nicht genügend beachtet ist die Umkehrung dieser Tatsache, nämlich daß dieses Bauwerk *zurückwirkt* auf *viele* Menschen. Durch das dauernde bewußte oder unbewußte Betrachten eines Bauwerkes setzt sich dessen Bild im Inneren der Menschen fest und beeinflußt deren Persön-

lichkeit. Lieblose, monotone Fassaden setzen sich fest als ödes Lebensgefühl und depressive Stimmung. Harmonische, ausgewogene Proportionen eines Gebäudes wirken auf den Menschen wohltuend und ausgleichend – eben harmonisierend.
Nun möchte ich aber dieses Thema für eine Weile verlassen und zum Anfang des Traumes zurückkehren. In diesem Traum gibt es, wie im vorherigen Kapitel, viele gegensätzliche Motive, die aber eng zusammengehören. Mir fällt dazu das Bild einer Waage ein, deren beide Schalen mit ganz verschiedenen Elementen beladen sind, welche sich aber doch gegenseitig im Gleichgewicht halten. Auf der einen Seite arbeitet im Traum ein Mann auf einem offenen Platz im Kollektiv einer Stadt an einem rechteckigen, schwarzen Stein. Auf der anderen Seite betrachtet eine Frau (ich) vom Innern eines Hauses her ein Bild, welches ihr aus einem runden schwarzen Stein entgegenkommt. Auf der einen Seite ein aktiver, arbeitender Mann und auf der anderen Seite eine kontemplative, schauende Frau – zwei Persönlichkeitsseiten, die zusammengehören und beides Teile von mir sind.
Die Ausgangssituation des Traumes ist ein Platz in einer Stadt. Die Stadt ist ein gefaßter, geplanter Lebensraum für sehr viele verschiedene Menschen. Auf alten Stadtplänen kann man noch sehen, daß die Städte von einer Mauer umgeben wa-

ren, die wie starke Arme das Leben der Bewohner schützten. Die individuellen Wohn- und Lebensbereiche wurden durch diese Umfassungsmauer zusammengeschmolzen zu einem Kollektivgebäude. Das Individuum und das individuelle Haus sind im Gefüge der Stadt nur kleine Teile, welche wohl ihren ganz bestimmten Sinn haben, sich aber einordnen müssen in das Ganze. Ein offener Platz in einer Stadt ist das Gegenstück zu den geschlossenen Häusern, er ist das Nicht-Haus innerhalb der Häuser. Er ist der freie Raum (siehe das nächste Kapitel), welcher die Menschen anzieht, wo sie sich treffen können zu gemeinschaftlichem Tun. Der Platz in der Stadt ist der Ort, wo spontan Neues entstehen kann. Wenn wir die Stadt im Traum als Symbol für die Ganzheit einer Persönlichkeit, das Selbst eines Menschen, ansehen, so kann man sagen, daß sich hier in meinem Selbst ein Platz geöffnet hat, der Raum gibt für etwas Neues, nämlich eine Einsicht in den runden, schwarzen Stein und damit in mir bis dahin nicht ganz klar bewußte Zusammenhänge.

Auf diesem Platz stehe ich neben einem Mann, der die feinen Goldschichten aus dem schwarzen Stein herausarbeitet. Es fällt sofort auf, daß der Stein die Größe und Form eines Backsteins hat, den wir trotz Beton und anderen Baumaterialien als *den* Baustein für die Errichtung eines Hauses

bezeichnen können. Als Teil vom Ganzen könnte er auch für ein ganzes Haus stehen.
Was hat es aber mit den Goldschichten in diesem Stein auf sich? Gold hat für uns nicht nur im konkreten Sinn als ganz besonders wertvolles Metall eine große Bedeutung, sondern auch im übertragenen Sinn. Es trägt den Glanz des Sonnenlichts in sich und symbolisiert für uns Glanz, Licht, Erleuchtung, Bewußtheit. Wir sagen von einer Sache oder einer Idee, sie sei für uns Gold wert. Damit meinen wir, sie sei im jetzigen Zeitpunkt für unsere Lebenssituation von höchstem Wert. Manchmal fallen einem diese «goldwertigen» Dinge oder Ideen unverhofft einfach zu, meistens aber muß man sie recht mühsam aus der Dunkelheit, dem Zustand der Unwissenheit oder der Unbewußtheit herausarbeiten. Nicht einmal die Träume legen uns ihren Goldwert einfach so hin. Sie zeigen uns vielleicht eine Goldschicht im dunkeln Stein, es ist aber an uns, den Meißel zu nehmen und sie herauszuarbeiten. So sehe ich den Mann im Traum als die aktiv arbeitende Wesensseite in mir, als ein Bild für die Seite des Lebensprozesses, die sich bemüht, den Sinn aus dem Dunkel des Haus-bau-Steines herauszuarbeiten, oder anders ausgedrückt, Licht in die Dunkelheit der Fragen um die Bedeutung des «Hauses» zu bringen.

Ich habe mich noch gefragt, warum der Mann auf einem städtischen Platz arbeitet, also in der Öffentlichkeit. Nun habe ich in den vergangenen Monaten gesehen, daß das Interesse an der Beziehung zwischen Architektur und Psychologie auch in der Öffentlichkeit am Wachsen ist. Die Fragen um die Rückwirkung der Architektur auf den Menschen liegen in der Luft, sind nicht nur mein persönliches Anliegen. Ich erlaube mir deshalb, den Mann als den arbeitenden Zeitgeist zu interpretieren, der nun auch bei mir einen Platz gefunden hat und zu wirken beginnt.

Indem ich nun (im Traum) diesem arbeitenden Zeitgeist zuschaue, sehe ich auch meinen eigenen runden Stein. Damit nimmt der Traum ein Element aus meiner Alltagsrealität auf. Er benützt den runden, schwarzen Stein, auf welchen ich etwas zeichnen wollte. Nun sehe ich aber auf diesem Stein nicht nur eine Zeichnung, sondern er zieht mich in sich hinein, läßt aus der zweidimensionalen Zeichnung ein dreidimensionales, räumliches Erleben werden. Dies ist in sich ein wichtiges Element des Traumes, bei welchem ich kurz verweilen möchte.

Architektur wird heute auf dem Papier zweidimensional geplant. Erlebt wird sie von den Menschen jedoch räumlich, auch in der Bewegung. Wenn der Architekt nicht fähig ist oder sich nicht die Mühe nimmt, das Erleben der Menschen zu erfassen oder die räumlichen Bedingungen der Umwelt zu erspüren, so bleibt er eben bei der Papierplanung stehen und geht an der Wirklichkeit vorbei. Dies gilt ebenfalls für andere Gebiete, z. B. für das Leben und Lernen in den Schulen, ganz besonders aber auch für die psychologische Arbeit. Wir können psychologische Theorien oder Beschreibungen von psychischen Prozessen lesen, aber wirklich greifbar und einfühlbar werden uns diese erst durch das Erleben.

Deshalb meine ich, daß der Traum mir hier sagt: «Geh hinein in die Frage nach der Wechselwirkung zwischen Architektur und Seele, forsche nach dem wirklichen Erleben der Menschen, bleib nicht stehen bei der theoretischen Betrachtung!» Dies ist eine Weisung des Traumes an mich und meine innere Stimme, die aus dem Unbewußten kommt, weist mich als *bewußte* Persönlichkeit an, dem zu folgen.

Durch das Hineingehen in den schwarzen Stein im Traum komme ich in ein Haus, in einen Innenraum, von welchem aus ich dieses ganz besondere Fenster sehe. Wenn ich diesen Innenraum als meinen Körper, das Fenster als meine Augen interpretiere, dann gelingt mir im Traum etwas ganz Besonderes: ich kann mit einem Blick auf zwei verschiedene Weisen sehen. Ich möchte sagen, ein

Auge schaut hinaus, nimmt das objektive Bild des Großmünsters wahr, so, wie es andere Menschen auch sehen können. Das andere Auge schaut hinein und erkennt mein inneres Bild des Großmünsters, das nicht genau identisch ist mit dem anderen, weil es subjektiv reflektiert wird. Das subjektiv reflektierte Bild ist seitenverkehrt, leicht verändert durch die Qualität der Fensterscheibe, und vor allem ist es nicht greifbar. Im übertragenen Sinn ist es durch meine psychischen Bedingungen verändert. Das eine Bild ist die äußere, plastische Realität des Großmünsters, das andere ist mein inneres, geistiges Bild, meine Idee des Großmünsters. Wie schon früher gesagt, kann sich eine äußere Realität in uns als geistiges Bild festsetzen, oder eine Idee, ein inneres Bild kann in der Außenwelt verwirklicht werden. Dabei ist etwas Wichtiges zu beachten: wenn ein Mensch eine seiner Ideen in der Außenwelt realisiert, z. B. ein Haus baut, dann wirkt dieses Haus nicht nur auf *ihn* zurück, sondern eben durch das Betrachten auch auf *viele* andere Menschen. Wenn wir unserem Kind sein Zimmer einrichten, so wirkt das auf seine Seele zurück. Wenn wir uns mit häßlichen Gegenständen umgeben, so wirkt das dementsprechend auf uns zurück, und wenn wir eine tief empfundene Kirche in harmonischen, wohltuenden Proportionen erbauen, so wirkt auch das entsprechend zurück. All diese Aufgaben sind mit großer Verantwortung verbunden.

Wir wollen noch einmal festhalten, daß ich im Traum auf einen Blick ein zweifaches Bild des Großmünsters sehen kann, das äußere reale und das innere subjektive, welches durch die Spiegelung im Fenster sichtbar gemacht wird. Nicht das reale Bild ist das Besondere im Traum, sondern das subjektiv gespiegelte. Der Traum weist also letztlich darauf hin, daß nicht der gewohnte direkte Blick auf die äußere Realität allein genügt, sondern daß auch der reflektierte Blick auf die innere Realität als gleichwertig einbezogen werden muß. Beide Teile gehören zusammen, als zwei Aspekte des Symbols «Haus».

Im Griechischen heißt «symballein» zusammenwerfen, zusammenfügen, an einem sinnvollen Ort zusammenbringen. Das «Symbolon» war ein in zwei Teile zerbrochener Gegenstand, der zusammengefügt werden mußte, um seine Bedeutung wiederzufinden. Das Symbol trennt also und verbindet. Es bedeutet zugleich Zertrennung und Verbindung des Zertrennten. So verknüpft es auch Sichtbares und Unsichtbares, Bewußtes mit dem Unbewußten. Hier beim Symbol «Haus» verbindet es das innere seelische Bild mit dem äußeren konkreten Bild.

Am Schluß stellt sich noch die Frage, warum der

Traum das Großmünster wählt und nicht ein gewöhnliches Haus. Das Großmünster ist ein Gotteshaus und bringt die Beziehung der Menschen jener Zeit zum Göttlichen zum Ausdruck. Die Beziehung einer Zeit zum Göttlichen ist aber immer aufs engste mit ihrer Beziehung zu den Menschen, dem Leben an sich, verbunden. So könnte der Traum vielleicht darauf hinweisen, daß das Erbauen eines Hauses nie einfach ein profanes Geschehen sein darf (was es in früheren Zeiten auch nicht war!), denn wem das menschliche Leben als ein Ausdruck der göttlichen Schöpferkraft heilig ist, dem ist auch das Erbauen eines Hauses als Gefäß für dieses Leben heilig.

Auf seine Weise drückt dies auch der amerikanische Architekt Christopher Alexander aus in seinem kleinen Buch «Das Linz Café». Er schreibt: «Wenn ich mir den einfachsten Heuschober in den Alpen ansehe oder ein bedeutendes Wunderwerk wie das Baptisterium in Florenz . . . sie haben etwas gemeinsam . . . sie sind beide Abbilder der menschlichen Seele. Das ist so leicht zu sagen und so schwer verständlich zu machen. Aber zweifellos sind, in einem bestimmten Sinn, die Kunstwerke, die uns berühren, die große Empfindungen hervorrufen, bewußt und mit Absicht als Gaben für Gott geschaffen worden, als Bilder des Universums oder von etwas, das hinter dem Universum liegt . . . als

Bilder der menschlichen Seele. Sie können auch alles gleichzeitig sein in einer Zeit des Glaubens, wenn die menschliche Seele, Gott und das materielle Universum so sehr dasselbe, so deutlich aufeinander bezogen sind, daß es vorstellbar, ja naheliegend ist, ein Bild zu machen, das gleichzeitig ein Bild von allem ist.»

Diese Vorstellungen sind dem Gedankengut der Psychologie C. G. Jungs sehr nahe und sprechen von einer tiefen Bezogenheit des Architekten auf die menschliche Seele. Im Hinblick auf meine am Anfang dieses Kapitels gestellten Fragen nach der Bezogenheit der Bauenden auf die innere Welt der Menschen ist dies beruhigend und wohltuend.

Lebensräume – Lebensträume

Als ich ein Kind war, zeichnete ich immer und immer wieder Häuser. Häuser mit Garten, Häuser ohne Garten, Grundrisse, Fassaden, immer wechselnde Anordnungen von Räumen, für immer wechselnde Menschen. Diese Häuser waren für mich nicht einfach zweidimensionale Zeichnungen, sondern sie boten meiner Phantasie Lebensräume, besser gesagt, ich schuf in meiner Phantasie Räume für immer neue Lebenssituationen.
Leben braucht Räume, um sich zu manifestieren, das weiß instinktiv jedes Kind, wenn es mit seinem Puppenhaus spielt, auch wenn es Tücher über einen Tisch hängt, um sich ein eigenes, gegen die anderen Familienmitglieder abgegrenztes Häuschen zu schaffen, oder wenn es auf einem Baum eine Hütte baut, die es als Raum für sein persönliches Leben betrachtet.
Leben braucht Räume, man kann aber auch sagen, Räume lassen Leben entstehen. Denken wir an einfache Beispiele: wir legen ein leeres Blatt Papier vor ein Kind hin und geben ihm Farbstifte – normalerweise wird es, ohne zu zögern, anfangen zu zeichnen. Oder geben wir dem Kind einen Sandka-

sten und Figuren oder Bastelmaterial – es wird schnell beginnen, im Sand zu spielen. Es gestaltet Berge und Täler, Seen und Wälder, baut Straßen und Häuser, stellt Menschen und Tiere hinein, bis der leere Raum gefüllt ist mit Leben. Immer vorausgesetzt, das Kind wird nicht gezwungen, etwas zu zeichnen oder darzustellen als eine Leistung, sondern es darf einfach spielen, dann wird das leere Papier oder der unberührte Sandkasten bald gefüllt sein mit den lebendigen Bildern der inneren Welt des Kindes. Diese Bilder sind da, sie wollen hinausfließen, sie brauchen nur einen Raum dazu. Auch ein fertiges Bild oder ein schon gestaltetes Sandbild kann die Phantasie anregen, doch dann muß man ins Bild hineinzeichnen oder das Sandbild umgestalten können, man muß neue Räume schaffen können für neues Leben.

Es versteht sich von selbst, daß nicht nur Kinder, sondern auch Erwachsene leere Räume jeder Art brauchen, um ihre Phantasie fließen zu lassen und zu gestalten – das ist ja das wunderbar Lebendige an der Phantasie oder das Phantasievolle am Leben, daß die Energie fließt und eine Form findet, weiter fließt und wieder eine neue Form findet. Es ist eine dauernde Bewegung von Fließen und Formfindung – aber es braucht Raum dazu! Die Enge und Überfülltheit unserer Lebensräume, die keine Veränderung und Neugestaltung zulassen,

sind Feinde der Phantasie und des Lebensprozesses. Das gilt nicht nur in der Außenwelt, sondern auch im übertragenen Sinn für die seelischen Lebensräume. Unsere Köpfe sind überfüllt mit Wissen und Informationen aller Art, unsere Ohren sind überfüllt mit Straßenlärm, Radiolärm und innerem Lärm, der dauernd sagt: «Du mußt dies – du mußt jenes . . .», jenem Lärm, der macht, daß unsere Tage überfüllt sind mit Arbeit, mit Meetings, mit Hin- und Herfahren von einem Ort der Aktivität zum anderen (es ist nicht ein «Wandern von einem Ort zu andern», dabei werden ja die durchwanderten Räume *erlebt*), und am Ende des Ganzen sind unsere Herzen überfüllt mit Gefühlen und Emotionen, die keinen Platz haben zum Leben. Auch das Herz ist ein Raum, der nicht überfüllt werden sollte, sonst zerspringt er. Wäre es nicht gut, auch im Herzen immer wieder einen freien Raum zu schaffen, damit einerseits das Feuer im Herzensraum nicht erstickt und andererseits Platz da ist, auch für einen unerwarteten Gast?
Doch auch in unseren äußeren Häusern und Städten fehlt uns oft der freie Raum, der das Leben einlädt, sich zu entfalten. Es gibt doch nichts Schlimmeres als eine Wohnung, in der kein Winkel zu finden ist, dessen Verwendung nicht schon vorbestimmt ist. Da gibt es keinen Platz zum Spielen (Spielen braucht Raum für Bewegung!), es gibt

keinen Platz zum Phantasieren. Manchmal frage ich mich, ob die Menschen in solch engen Wohnungen überhaupt noch träumen? Wenn alle Menschen wüßten, wie wichtig das Träumen ist für die Gesundheit der Menschen, würden sie beim Bauen von Häusern daran denken, was G. Bachelard in seinem Buch «Poetik des Raumes» sagt:
«Wenn man uns nach der wertvollsten Annehmlichkeit des Hauses fragte, würden wir sagen: das Haus beschützt die Träumerei, das Haus umhegt den Träumer, das Haus erlaubt uns, in Frieden zu träumen. Nicht nur Gedanken und Erfahrungen rechtfertigen die menschlichen Werte. Auch die Träumerei hat Werte, die den Menschen in seiner Tiefe kennzeichnen. Die Träumerei hat sogar ein Privilegium, sich selbst Werte zu geben. Sie genießt unmittelbar ihr eigenes Sein. Die Orte, wo man die Träumerei gelebt hat, entstehen aus sich selbst heraus wieder in einer neuen Träumerei. Und weil die Erinnerungen an frühere Wohnungen wie Träumereien wiedererlebbar sind, darum sind die Wohnungen der Vergangenheit in uns unvergänglich. Unser Ziel ist jetzt klar: wir müssen zeigen, daß das Haus für die Gedanken, Erinnerungen und Träume des Menschen eine der großen Integrationsmächte ist.»
Ja, das Haus, das unsere Träume beschützt, ist ein schönes Bild, wir werden ihm am Ende des näch-

sten Kapitels wieder begegnen. Lassen wir die Träume hereinkommen in unser Haus!

Zuerst steigt jedoch in mir noch eine Frage auf: Ich habe gesagt, daß freie, leere Räume nötig sind, um die Träume, Phantasien, schöpferischen Werke, die neuen Lebensäußerungen entstehen zu lassen. Könnte das nicht auch gefährlich sein? Haben diese Lebensäußerungen nicht auch die Tendenz zu wuchern? Können sie nicht auch die bestehende Ordnung empfindlich aus dem Gleichgewicht bringen?

Sicher besteht diese Gefahr, denn so, wie die Natur die Tendenz hat, in kürzester Zeit jedes leere Fleckchen Erde zu überwachsen, so wuchern auch die Ideen und Phantasien, wenn man ihnen den Lauf läßt. Sie wachsen ins Unendliche und sprengen den Rahmen dessen, was für Menschen möglich, sinnvoll und realisierbar ist.

Im Garten schneiden wir die ins Kraut schießenden Bäume und Sträucher zurück, damit sie kräftiger wachsen und mehr Früchte tragen, und das Unkraut reißen wir aus, damit die erwünschten Pflanzen mehr Raum haben, sich zu entwickeln. Genauso müssen wir auch den Phantasien und schöpferischen Ideen eine Begrenzung geben, um sie zu fassen und zu kultivieren. Aus diesem Grund hat der Sandkasten einen Rand, der ihm eine bestimmte, überschaubare Größe gibt, ein Zeich-

nungspapier ist nicht unendlich groß, und ein Raum wird gefaßt durch seine vier Wände, seinen Boden und seine Decke, die ihm die richtige Größe geben.
Doch meine ich, das Zurechtschneiden und Kultivieren von Pflanzen und Phantasien werde überhaupt erst möglich und nötig, wenn diese erst einmal gewachsen sind. Alles Lebendige möchte zuerst sichtbar werden und Gestalt annehmen, dann kann es immer noch zurechtgeschnitten werden.
Was geschieht, wenn man das Lebendige, Phantasievolle gleich im Keim erstickt, kann man gut beobachten an Menschen, die leere Räume, äußerliche, innerliche und zeitliche fürchten, weil ihnen nie erlaubt wurde, diese Räume mit eigenem Leben zu füllen. Es wurde ihnen schon sehr früh beigebracht, daß es nicht an ihnen sei, diese Räume auszufüllen durch eigenes Denken und Fühlen, durch eigenes schöpferisches Gestalten ihres Wohn- und Lebensraumes, durch Nutzen der Zeit nach eigenem Rhythmus, das heißt nach ihren individuellen Möglichkeiten. Man lehrte sie, daß andere, Eltern, Lehrer, Arbeitgeber, Modemacher, Behörden oder die Kirche es besser wüßten. Die Erziehung zum selbständigen Denken, Fühlen und Handeln ist sehr schwierig und auch nicht sehr gefragt. Ganz besonders ist das Wohngefühl, das

heißt das Gespür für die eigenen Wohnbedürfnisse und deren Verwirklichung durch eine persönliche Raumgestaltung, bei den meisten Menschen noch wenig entwickelt. Warum gibt es keine Erziehung zur persönlichen Lebensraumgestaltung, wo dieser doch so wichtig ist?

Aber gibt es nicht auch die Möglichkeit, daß viele Menschen sich vor leeren Räumen fürchten, weil sie einen *gesunden* Respekt davor haben? Ich meine ja, denn es gibt auch den «horror vacui», die Furcht vor dem Leeren, eine Furcht vor dem leeren Raum, die nicht unberechtigt ist. Die Ungewißheit ist es, die uns Angst macht, wenn wir vor einem leeren Papier sitzen, vor dem unberührten Sandkasten stehen oder in ein leeres Haus eintreten. Die Ungewißheit vor unserer eigenen Reaktion auf die Leere, oder besser gesagt über das, was wir aus der Tiefe unserer Seele in diese Leere hineinprojizieren. Wir haben ja nicht nur schöne Bilder in uns, sondern auch Schreckensbilder, furchterregende Dämonen, Schattenfiguren, die uns Angst machen. In diesem Zusammenhang ist ein gewisser Respekt vor der Leere sicher angebracht.

Zusammenfassend möchte ich sagen, daß wir leere Räume aller Art brauchen, damit sich immer neues Leben darin manifestieren kann, doch ob es positives, kreatives Leben ist oder Schrecken und Angst, die den Raum ausfüllen, ist nicht von vornherein auszumachen. Auch wissen wir nicht von Anfang an, ob das, was wir in den Raum hineingestellt haben, seien es Ideen, Phantasien, Werke oder Bauten, sinnvolles Wachstum bringt oder sinnlos wuchert und deshalb zurechtgeschnitten oder entfernt werden muß.

Vom Elternhaus zum eigenen Haus

Im einleitenden Kapitel habe ich davon gesprochen, daß die Seele eines Hauses, wie sie auch immer sein mag, lebensfördernd oder lebenshindernd, zurückstrahlt auf die Menschen und diese beeinflußt.

Besonders prägend wirkt sich auf einen Menschen die Gesamtheit der Einflüsse aus, die in seinem Elternhaus weben. Von dort nimmt ein Kind ganz wesentliche Grundlagen für sein späteres Verhalten nach innen, gegen sich selber, und nach außen, gegenüber der Welt, mit.

Wenn der Bauch der Mutter das erste Haus eines Menschen ist, dann ist das Elternhaus die erweiterte Körperlichkeit von Mutter *und* Vater, sozusagen ein Elternbauch! Dieser Elternbauch gibt Raum für die persönlichen Wesensanteile der Eltern, aber auch für grundlegende mütterliche und väterliche Prinzipien. Hier, in seinem Elternhaus, lernt das Kind, daß ein Haus, im guten Fall, wärmend, schützend, bergend ist, daß es hier Nahrung bekommt, in Sicherheit schlafen und träumen kann und vor allem, daß hier andere Menschen wohnen, die ihm Liebe und Wohlwollen entgegenbringen.

Im schlechten Fall lernt das Kind, daß ein Haus abweisend kalt, unstabil sein kann, und daß es sich dort einsam und ohne Liebe fühlt. In beiden Fällen kann sich das auf die Qualitäten des Hauses beziehen, aber auch auf die im Hause herrschende Atmosphäre. Doch ein wohltuendes, freundliches Haus mit einer positiven Hausseele kann manchmal über eine lieblose, bedrückende Stimmung, die von den Bewohnern ausgeht, hinweghelfen.
Das Haus wirkt jedoch auf das Kind nicht nur durch die darin herrschende Gefühlsstimmung, welche wir eine mütterliche Eigenschaft des Hauses nennen können. Im Elternhaus lernt ein Kind auch dessen väterliche Qualitäten kennen, seine Konstruktions- und Ordnungsprinzipien. Denken wir nur an die bereits im ersten Kapitel erwähnten Grundelemente der Senkrechten und Waagerechten, des Tragenden und Getragenen. Im weiteren lernt ein Kind die Ordnung und Funktion der einzelnen Räume im Hause kennen, und in diesen Räumen wiederum die Ordnung und Funktion der Einrichtungsgegenstände. Es lernt auch, sich einerseits ins Kollektiv der Familie einzuordnen, andererseits aber sich als Individuum davon abzugrenzen. Ich meine, daß ein Kind ganz grundlegend von den Gefühlsstimmungen und Ordnungsprinzipien geprägt wird, welche es in seinem Elternhaus erlebt hat, und dieses Erleben in den

meisten Fällen später unverändert auf die Umwelt und auch auf seine Innenwelt überträgt. Es gibt aber Kinder, welche sich früh von den im Elternhaus erlebten Werten absetzen und versuchen, sich ein eigenes Seelenhaus zu bauen.
Zu diesen Kindern gehörte Peter, dessen Träume uns einen Prozeß der Ablösung vom Elternhaus und der Selbstfindung auf sehr eindrückliche Weise zeigen. Er war ungefähr zwölf Jahre alt, als er in Abständen von einigen Monaten vier Träume hatte. Offensichtlich war er davon selber ungewöhnlich betroffen, so daß er sie seiner Mutter erzählte, die sie, mit Peters Einverständnis, mir weitergab.
(1) Peter träumte, im Hause seiner Eltern gäbe es noch weitere Räume, die er bis jetzt nicht gekannt hatte. Dabei erlebte er im Traum sein Elternhaus sehr realistisch, so wie es für ihn seit zwölf Jahren dagestanden hatte.
(2) Einige Monate später träumte er, er hätte sich auf der Wiese hinter dem Hause seiner Eltern (auch in Wirklichkeit ein noch unbebautes Grundstück) ein eigenes Haus gebaut, *das durch eine Brücke mit dem Elternhaus verbunden war.*
(3) Wieder nach einigen Monaten träumte er, die Brücke zwischen seinem Haus und dem Haus seiner Eltern sei verschwunden, und das Grundstück, auf welchem sein Haus stand, sei mit einem hohen Zaun

abgegrenzt worden. In dem eingezäunten Stück Land stand nun sein Haus, umgeben von einem prächtigen Garten voller Blumen und Tiere.

(4) Schließlich träumte er nach weiteren Monaten folgendes: Da, wo im vorangegangenen Traum sein Haus, umgeben von Garten und Zaun gestanden hatte, war nun kein Haus mehr, nur noch der eingezäunte Garten voll mit Blumen, Bäumen und Tieren. Das Haus stand nun auf einem angrenzenden, etwas höher gelegenen Grundstück und hatte, im Gegensatz zu den Häusern in den früheren Träumen, eine eigenartige Form: es hatte einen achteckigen Grundriß, war einstöckig und mit einem leicht geschwungenen Zeltdach gedeckt, was dem Hause ein asiatisches, pagodenartiges Aussehen gab.

Versetzen wir uns in Peters ersten Traum, ins Haus seiner Eltern, seiner Familie. Dieses Haus steht auf dem Lande, am Rande eines Dorfes. Peter ist dort geboren. In einem Zimmer dieses Hauses stand sein Kinderwagen, später sein kleines Bett und noch später sein großes Bett. In diesem Zimmer lernte Peter krabbeln und gehen, dort begann für ihn die Entdeckung der Welt, die sich ausweitete aus Peters Zimmer in die andern Räume des Hauses, zu den Zimmern der Geschwister und Eltern, zur Küche, zu den Wohnräumen und Arbeitsräumen von Vater und Mutter, hinunter in den Keller, hinauf in den Estrich, hinaus in den Garten, zum

Nachbarn, ins Dorf, in den Wald und immer weiter und weiter. Dabei blieb aber Peters Elternhaus der Mittelpunkt seiner Welt, wohin er immer zurückkehrte, wo er Schutz fand vor allem, was ihn bedrohte. Für ihn war dieses Haus zwölf Jahre lang wirklich die Mitte der Welt, sein fester Bezugspunkt in seiner mit ihm wachsenden Welt. Es ist auch jetzt noch, nach Jahren, sein Ruhepunkt in der äußeren Welt, aber innerlich? Über den inneren Bezugspunkt in Peters Welt werden uns seine Träume viel sagen.

Doch versuchen wir vorerst noch etwas von der Atmosphäre, die in Peters Elternhaus herrschte, zu verspüren. Leider machen Kinder selten nähere Angaben zu ihren Träumen. Sie haben den Traum ja erlebt, sagen höchstens dazu: «Es war einfach so!» Das muß uns genügen. Deshalb halten wir uns an die Angaben von Peters Mutter, welche mir die Träume erzählte. Peters Vater und Mutter sind beide Architekten und haben ihr Haus selber geplant und eingerichtet. Es ist ein einfaches, großzügiges, durch sichtbare Konstruktion strukturiertes Haus, mit phantasieanregenden Räumen, hell und luftig, keinesfalls bedrückend oder einengend. Trotzdem war es von Anfang an auffallend, daß Peter im Laufe der Jahre jedes mögliche Zimmer im Hause bewohnte, sein jeweiliges Zimmer immer wieder neu einrichtete, die Möbel immer wieder umstellte oder eine Neuerung dazubastelte. Auf diese Weise manifestierte er schon sehr früh seinen starken Drang nach Selbständigkeit und war, vielleicht gerade weil man ihn gewähren ließ, ein äußerst fröhliches und harmonisches Kind.

Nachdem wir früher von der prägenden Wirkung des Elternhauses gehört haben, und nun in Betracht ziehen, daß Peters Elternhaus von seinem Vater und seiner Mutter nicht nur als Bewohner, sondern auch als Erbauer beseelt worden war, können wir uns gut vorstellen, daß Peter in ein körperlich-seelisch-geistiges Gebäude hineingeboren wurde, das ganz besonders intensiv von den Persönlichkeiten seiner Eltern geprägt war. Wir verstehen auch gut, daß er sich nur gegen den allzu starken Einfluß seiner Eltern wehren konnte, indem er seine Räume immer wieder auf andere Weise durch *seine Persönlichkeit* prägte.

Es wundert uns sicher auch nicht, daß, wenn Peter in Realität keine neuen Möglichkeiten mehr hatte, seinen Eigenraum zu erweitern, sein Unbewußtes ihm im Traum zu Hilfe kam und sagt: «Doch, es gibt noch neue Räume, du kennst sie nur noch nicht!» Die Ankündigung oder das Finden von bisher unbekannten Räumen in einem Haus ist ein recht häufiges Traummotiv. Es steht in Beziehung zu den verbotenen Zimmern in den Märchen, die nicht betreten werden dürfen, mit Sicherheit aber doch betreten werden! (Siehe dazu: Riedel, Tabu im Märchen.) Was sich in den verbotenen Räumen in den Märchen und in den unbekannten Zimmern in einem Traumhaus finden läßt, ist nun eben ungewiß. Befindet sich ein Schatz hinter der Türe oder Schrecken und Grauen? Wie ich früher sagte, will sich im verbotenen oder unbekannten, *leeren* Raum Leben manifestieren, genau dasjenige Leben, das in der Seele des Märchenhelden oder Träumers *Raum* finden will oder muß, um überhaupt erkennbar zu werden. Wenn unser Lebensraum zu eng geworden ist und unsere Weiterentwicklung gefährdet ist durch unser zu enges Seelenhaus, dann sucht sich die Seele selbst neue Räume, neue Lebensmöglichkeiten, um unsere Weiterentwicklung zu garantieren. Unser Selbst, unser innerer Führer, manifestiert sich im Traume und macht uns darauf aufmerksam, daß seelische Inhalte, ob helle, angenehme oder dunkle, unangenehme darauf warten, Lebensraum zu bekommen. Darin zeigt sich das höhere Wissen unseres unbewußten Selbst gegenüber dem bewußten Ich.

Was sich in den unbekannten Räumen in Peters Traum befand, und wohin ihn sein innerer Führer führen wollte, erfahren wir aus dem zweiten Traum: stellen wir uns das Traumbild plastisch vor: Peters Elternhaus – daneben Peters eigenes Haus – und zwischen beiden eine Verbindungsbrücke. Da

fällt uns das Bild einer Mutter mit ihrem neugeborenen Kind ein, das noch durch die Nabelschnur mit ihr verbunden ist. Das eine Haus ist verbunden mit dem andern Haus, wie der eine Körper mit dem andern. In Peters Fall stimmt das Bild aber nicht ganz. Er wird nicht einfach geboren, denn er sagt ja, er hätte sich im Traum ein Haus *selber* gebaut. Es ist ein *aktives* Hinausgehen und Erbauen seiner Welt, eine andere Art von Geburt. Das Kind wird nicht ausgestoßen von der Mutter, auch nicht auf die Wanderschaft oder in die Wildnis geschickt, wie das in gewissen Märchen geschieht, sondern es geht selber hinaus aus dem Seelenhaus seiner Eltern und hinüber in sein eigenes. Dies bedeutet für ihn den beginnenden Übergang in ein Leben als Individuum, für dessen Gestaltung er selber verantwortlich ist. Allerdings bleibt die Möglichkeit des gegenseitigen Besuchens offen, denn es gibt noch eine Verbindungsbrücke!
Bei Peters drittem Traum ist die verbindende Brücke zum Elternhaus verschwunden. Man könnte die Brücke so sehen, als ob Peter und seine Eltern sich die Hand gegeben hätten. Von den Eltern her die Hand, die stützen und Wärme und Kraft übertragen kann, vielleicht auch die Hand, die festhält und das Kind nicht gehen lassen will. Nun hat Peter die Hand zurückgezogen und sogar einen Zaun um seinen Garten errichtet. Das

könnte einen zuerst erschrecken; denn man denkt mit Recht, Peter könne die Hand seiner Eltern im Alter von zwölf Jahren noch recht gut gebrauchen. Doch darf man nicht vergessen, daß Träume oft ein zukünftiges Geschehen in die Wege leiten. Auch ist der Zaun um Peters Garten nicht eine undurchdringliche Mauer oder ein Wassergraben, wie wir sie kennen von Schlössern und Burgen, die diese vor kriegerischen Angriffen schützen. Man kann den Zaun auch Einfriedung nennen, als eine Abgrenzung um ein Stück Land, innerhalb deren man den Frieden haben möchte. Ich würde den Zaun hier als Manifestation gegen außen sehen, die sagt: «Hier wohnt Peter, bitte respektiert sein Territorium!»
Und gerade dieser Wunsch macht deutlich, daß Peter doch etwas zu schützen hat, nicht gegen grobe Angriffe von außen, aber vielleicht gegen gedankenlose oder sogar in bester Absicht gemachte Übergriffe von seiner Familie. Er hat ja nicht nur ein Haus, das im allgemeinen feste Mauern und eine verschließbare Türe hat, er hat auch einen Garten, der sehr zart und verletzlich sein kann. Peter selber meinte zur Frage, was denn ein Garten für ihn bedeute, sehr kurz: «Arbeit!», setzte aber nach einigem Nachdenken hinzu: «Aber zu einem Haus gehört eben ein Garten.» Aus dieser Antwort spüren wir, daß Peter auf dem Land aufgewachsen

ist, für ihn ist die Natur ums Haus herum noch selbstverständlich. Der Garten ist ein Stück von der großen Natur abgegrenztes Land, das zu uns gehört und von uns gepflegt und geliebt wird. Manchmal lieben wir es auch nicht, eben weil es Arbeit macht! Doch in unserem Garten erleben wir immer wieder das Wachsen und Werden der Pflanzen, die Vielfalt der Bäume, Sträucher, Gräser, Blütenformen und Farben, die sich jedes Jahr wieder entfalten wie ein Geschenk der Erde und des Himmels. Denn auch wenn wir viel arbeiten im Garten und ihn liebevoll pflegen, ist sein Leben doch ein Geschenk, das uns immer wieder zukommt. Selbst im Winter, wenn wir weniger *im* Garten sind, als ihn durchs Fenster betrachten, zeigt er uns vieles, das wir sonst nicht sehen. Wir erkennen die Strukturen der Äste an den Bäumen, die Farben der Rinde und auch die Vögel, die in den Ästen herumhüpfen, viel besser. So erleben wir im Laufe der Jahreszeiten unseren Garten immer wieder anders, als ein immer wiederkehrendes Aufblühen und Sich-wieder-Zurückziehen der Natur.

Aus dieser unendlich langen Erfahrung der Menschen mit der Natur mit ihrem großen Lebensprinzip des stetigen Werdens und Vergehens und aus unserem Erleben des eigenen Gartens bildet sich auch ein Garten in unserer Seele. Dort wachsen die vielfältigsten Lebensgefühle, die wir dann vergleichen mit Gewächsen in unserem Garten. Wer kennt nicht das schüchterne Lebensgefühl eines Mauerblümchens? Was immer es auch sein mag, es drückt sich an die große Mauer, damit es ja niemandem im Wege ist – vielleicht auch, damit es nicht zertreten wird! Oder wir fühlen uns wie eine aufblühende Rose, wenn uns die Liebe begegnet! Auch kennen wir das Gefühl der ausgetrockneten Öde, wenn unserer Seele das Wasser fehlt. So viele verschiedene Gefühle und Regungen wachsen im Seelengarten, ist es da nicht ganz klar, daß Peter einen schützenden Zaun darum erstellt? Ganz besonders in seinem Alter, der beginnenden Pubertät, beginnen im Seelengarten die verletzlichsten Blumen zu wachsen, die Gefühle zum anderen Geschlecht. Sie gehören zum Schüchternsten und Persönlichsten eines jungen Menschen und dürfen nicht von «Trampeltieren», wie indiskreten Fragen oder lächerlich machenden Bemerkungen, zerstört werden. Noch viel später im Leben hat der Seelengarten eine Beziehung zur Liebe, denn nur einen geliebten Menschen lassen wir im Garten unserer Seele spazieren. Auch gibt es Männer, die ihre Liebste zärtlich «mein Gärtchen» nennen, dann sind der Seelengarten und die geliebte Frau eins. Bei Knaben in der Pubertät habe ich oft beobachtet, daß, wenn sie zu mir in die Praxis kommen und im therapeutischen Sandkasten ihre Welt darstellen, irgendwo zwischen Baustellen, Kriegsgeschehen oder Autorennen ein kleiner blühender Garten abgegrenzt und gut geschützt wird. Dann wächst dort eine kleine, schüchterne Beziehung zum Weiblichen, eben dem «Gärtchen»!

Noch bleibt uns ein wichtiger Aspekt des Gartens zu betrachten – der des Paradiesgartens. Doch damit möchte ich warten bis zum vierten Traum Peters, der uns in eine neue Dimension führt.

Vorerst möchte ich noch auf die Frage eingehen, wie diese Träume in Peters realem Leben wirksam werden können: erstens hinterlassen Träume uns oft ganz deutlich eine bestimmte Stimmung, mit der wir aufwachen und die uns durch den Tag begleitet. Peters Traum schien ihm etwas Besonderes, sonst hätte er ihn wohl gar nicht erzählt. Der Traum stimmte ihn freudig und stolz, vermittelte ihm eine Ahnung von seiner selbständigen Persönlichkeit, die Boden, Pflanzen, Tiere und ein Haus als seinen eigenen Lebensraum besitzt. Dieses Gefühl schwang auch mit, als er den Traum seiner Mutter erzählte, und *sie* hat nun die zweite Möglichkeit, den Traum wirksam werden zu lassen, indem sie dessen Botschaft aufnimmt, versteht und danach handelt. Wir können uns vorstellen, daß der Traum vielleicht so zu den Eltern spricht: «Schaut, euer Sohn steht im Begriff sich innerlich von euch zu lösen. Seine Seele bereitet ihn darauf vor, daß er ein eigenständiger, junger Mann wird. Er hat die Nabelschnur durchgetrennt oder die Hand zurückgezogen, mit welcher er sich als kleines Kind an euch festhielt. Aber so, wie eben der Apfel, der sich vom Baum löst, nicht weit vom Stamm fällt, hat Peter sein Haus nicht weit weg gebaut von euch. Er ist nun, innerlich gesehen, nicht mehr *in* euch, sondern neben euch, er ist euer Nachbar. Ihr braucht euch keine Sorgen zu machen um ihn, er hat offenbar genug in sich zum selbständigen Leben. Er hat einen Boden, einen Mutterboden, auf welchem Blumen und Bäume wachsen (wenn Blumen wachsen, wächst wohl auch Gemüse, das ihn ernährt!?). Und er ist fähig, sich ein Haus zu bauen, das ihn schützt und Raum gibt für seine Seele. Er hat ein Seelenhaus, das hier noch nicht näher umschrieben ist, doch es zeigt, daß seine seelisch-geistige Entwicklung die Stabilität eines Hauses hat.» So könnte der Traum zu den Eltern reden.

Im Alltagsleben kennen wir die Situation vielleicht von denjenigen Kindern, die ein Schild an ihre Zimmertüre hängen: «Hier wohnt Peter, bitte anklopfen!», und was der Erfindungen mehr sind, um anzuzeigen, daß der junge Mensch hier seine Persönlichkeit entfalten möchte, und wir Eltern seinen Raum (im ganzen Umfang des Wortes!) zu respektieren haben. Es ist ja nicht verboten, sich dem jungen Menschen freundlich zuzuwenden. Über die Zimmerschwelle, wie über den inneren Gartenzaun, kann man Kuchen bringen oder ein gemütliches Gespräch führen. Vor allem auch kann man über die unsichtbare Brücke des Vertrauens mit ihm in Verbindung bleiben. So, wie wir ihn achten und respektieren, als ein Mensch, der neben uns wohnt (um im Traumbild zu bleiben), so wird er hoffentlich auch lernen, uns zu respektieren als seine Nachbarn.

Nun kommen wir zu Peters viertem und letztem Traum. Hier fällt uns zuerst auf, daß der Garten, die Natur und das Haus, das Kulturgebäude nicht mehr in der schönen geschlossenen Einheit vom dritten Traum beisammen sind, sondern auseinanderrücken; das Haus steht jetzt auf einer *erhöhten Ebene*. Es ist auch kein gewöhnliches Wohnhaus mehr, sondern ein pagodenähnliches, achteckiges Gebäude – wohl ein Tempel! Tatsächlich habe ich auch eine Abbildung gefunden von einem achteckigen Tempel in Japan, welcher der Beschreibung von Peters Pagode sehr ähnlich ist und *«Halle der Träume»* heißt! (Siehe Abbildung.)

Peter hatte von diesem Tempel der Träume keine Ahnung, sein Traum war ihm überhaupt sehr fremd. Aber gerade die fremdländische Bauart des Gebäudes sagt mir etwas ganz Bestimmtes: aus

meiner therapeutischen Arbeit mit Kindern habe ich gelernt, daß diese bei der Arbeit am Sandkasten für psychologische Inhalte, welche ihnen noch sehr fremd sind, das heißt wohl erst viel später in ihrem Leben in ihr Bewußtsein kommen, auch ganz fremdländische Symbole und Figuren verwenden. So nehme ich an, daß dieser Traum, der uns doch recht unkindlich erscheint, auf eine zukünftige Entwicklung Peters hinweist. Ganz besonders auch deshalb, weil aus Peters persönlichem Haus ein Tempel geworden ist, ein religiöses Gebäude, welches von der Naturebene des Gartens abgehoben ist und nun auf einer höheren Ebene steht.

Wenn wir uns in das Traumbild hineinversetzen, dann müssen wir vom Garten her ein Stück Weg hinaufgehen, um zu dem pagodenartigen Haus zu gelangen. In diesem Hinaufgehen schauen wir nach oben, wir gehen ein Stück weit dem Himmel entgegen. Das Hinaufgehen ist auch mühsamer als das Hinabgehen, es verlangt Anstrengung und erinnert uns an den Weg der Entwicklung vom unbewußten, naturhaften, ganzheitlichen Anfangszustand eines Kindes bis zur kultivierten, bewußten Ganzheit eines erwachsenen Menschen, der auch eine große Anstrengung braucht.

Wenn ich mir das Traumbild vergegenwärtige, kommen mir auch die Fassaden der Kathedrale von Chartres in den Sinn. Dort finden wir über den Köpfen der vielen Heiligenfiguren, welche die Portale der Kathedrale schmücken, bei jedem eine Art Baldachin in der Form eines achteckigen Gebäudes oder einer achteckigen Stadtmauer. Diese achteckigen Gebäude schweben über den Heiligenfiguren wie die Vision eines höheren religiösen Gedankengebäudes, eines höheren religiösen Lebens, das anzustreben ist.

Um die Bedeutung des Achtecks richtig zu verstehen, müssen wir uns zuerst deutlich machen, daß das Achteck eine Übergangsform vom Quadrat zum Kreis darstellt. Die Grundform des Quadrates versinnbildlicht die Ordnung der Erde mit ihren vier Elementen Erde, Wasser, Luft und Feuer, den vier Jahreszeiten und den vier Himmelsrichtungen. Zwei in ihren Achsen um 45° gedrehte Quadrate, die ein Achteck bilden, vervielfältigen die symbolischen Kräfte des Quadrates. Wenn das Quadrat die Erde symbolisiert, so versinnbildlicht der Kreis in seiner absoluten Vollkommenheit der Form, seiner Unendlichkeit der symbolischen Bezüge, den Himmel. Der Eindruck des Horizonts um uns und des Himmelsgewölbes über uns, verdeutlicht diese Symbolik. Den Übergang vom Reich der Erde hin zur Unendlichkeit des Himmels vermittelt das Achteck. In diesem Sinne stellt die Folge der geometrischen Formen Quadrat – Achteck – Kreis den Weg dar von der Welt in die himmlische Ewigkeit, vom irdischen zum himmlischen Prinzip. Das Quadrat als Symbol für die Erde ist auch ein Ordnungsprinzip, es ist nicht das Chaos. Wer sich der vier Himmelsrichtungen bewußt ist oder seiner Begrenzung durch ein abgestecktes Quadrat auf der Erde, steht orientiert und eingeordnet in der Welt. Doch diese Weltordnung ist von Menschen errichtet und untersteht deshalb einem dauernden Wandel. Nicht so die himmlische Ordnung. Der im Jahreswechsel immer gleichbleibende Lauf der Sonne, das sich durch die Monate hindurch immer gleichmäßig verändernde Bild des Mondes und die Bewegungen der Sternbilder, deren einzelne Sterne wir ja Fix-Sterne nennen, stellen für uns eine viel höhere, ewig währende Ordnung dar gegenüber der Weltordnung. Die Ordnung des Himmels symbolisiert für uns die Sicherheit der ewigen Dauer im Gegensatz zur Veränderlichkeit und Vergänglichkeit der Weltordnung.

Wir kennen reife, meist alte Menschen, die durch ihre Erfahrungen aus ihrem durchlebten Leben einen so großen Überblick und daraus eine so große Distanz zum menschlichen Getriebe gewonnen haben, daß wir sagen, sie seien weise geworden und nahe dem Himmel. Auch Kinder sind nahe dem Himmel, aber auf eine ganz andere Weise. Sie haben nicht den bewußten Überblick eines alten Menschen, sondern sie sind unbewußt eins mit der Welt und dem Himmel. Sie leben noch im Paradiesgarten der unbewußten Naturhaftigkeit, anfänglich im Bauch der Mutter, später im Schutzraum von Mutter und Vater. Sobald aber ein Kind hinaustritt aus dem Elternbauch, wie Peter dies tat, und den Weg des Erkennens und des Aufstiegs zur höheren Ordnung des Himmels geht, verläßt es den anfänglichen Naturzustand, eben den Paradiesgarten. Es steigt hinauf über die Stufen, die es entfernen vom Paradiesgarten, aber näherbringen den großen Gesetzen des Himmels.

Diesen Entwicklungsprozeß sehe ich in Peters viertem Traum vorweggenommen. Sehr wahrscheinlich entsteht die Pagode als religiöses, geistiges Seelenhaus erst in seinem späteren Leben. Aus seinen Träumen sehen wir aber, daß es ihm bestimmt ist, wegzugehen aus dem Paradiesgarten, dem beschützenden, aber auch einengenden Elternbauch, in seinen eigenen umgrenzten Lebensraum. Hier ist beides vereint, der Garten, als der Urgrund der sich dauernd wandelnden Natur, und das Haus, als sein festes Kulturgebäude (zweiter und dritter Traum). Dies würde wohl dem Lebenszustand eines gefestigten, in sich ruhenden, erwachsenen Menschen entsprechen. Später wird Peter aber weitergehen in ein, ihm jetzt noch fremdes Gebäude, das ihn den übergeordneten Gesetzen des Himmels näherbringt. Die Pagode steht etwas höher als der Garten, also näher dem Himmel, aber doch fest auf der Erde. Auch ist sie nicht rund, sondern eben achteckig. Diese Form treffen wir auch häufig bei Baptisterien und Taufbecken, wo sie dann symbolisch steht für den achten Schöpfungstag, das heißt die mit der Auferstehung Christi beginnende Schöpfung, in die der Täufling durch das Eintauchen hineingenommen wird. So steht das Achteck oder die Zahl Acht für die Wiedergeburt durch die Taufe, die Auferstehung in eine neue Seinsweise. Mir scheint, daß in der achteckigen Pagode auch eine Art Wiedergeburt Peters angedeutet wird. Wenn Peters Seelenhaus dereinst achteckig sein wird, wird er sich in einem Zentralbau befinden, der ohnehin etwas Besonderes ist, weil er den Menschen ganz auf seine Mitte (die Mitte des Baues und die Mitte des Menschen) hin zentriert, aber darüber hinaus verbunden ist dem Quadrat, unserer menschlichen Welt, der Erde *und* dem Kreis, der übergeordneten Ordnung des Himmels. Peter wird in diesem Seelenhaus bezogen sein auf sein weltliches Sein und auf ein größeres, umfassenderes Sein, das wir das Göttliche oder das Selbst nennen. In diesem Sinne wird es eine Wiedergeburt sein im diesseitigen, irdischen Leben, indem eine alte Seinsweise verlassen wird zugunsten einer neuen, auf das Selbst bezogenen.

Die vier kurzen Träume zeigen in klaren, symbolischen Bildern den zukünftigen Entwicklungsprozeß Peters an. In der Jungschen Psychologie nennen wir diesen Weg den Individuationsprozeß eines Menschen.

Das geschlossene Haus: Konzentration nach innen

Verschiedene Male bin ich am Anfang einer Analyse einem Traummotiv begegnet, welches immer ähnlichen Lebenssituationen der Träumer entsprang. Hier beschreibe ich den Traum eines etwa vierzigjährigen Mannes. Er war Dozent an einer Hochschule. Sein Traum:

Er befindet sich in einem einfachen, einräumigen Haus. Er schließt die Türe, die Fenster und die Fensterläden.

Dieses Traumbild ist sehr einfach. Der Träumer befindet sich in einem Ur-Raum, dessen vier Wände, der Boden und die Decke gleichzeitig die Begrenzung des Raumes nach innen als auch dessen Außenhaut sind. Es ist, als ob eine zweite Haut oder ein gebauter Körper den Träumer umgibt. Das Haus ist Bau-Körper.

Die Türe und die Fenster verbinden den Innenraum und den Außenraum, die Innenwelt und die Außenwelt. Es sind die Öffnungen im Bau-Körper. Auch an unserem menschlichen Körper finden wir Öffnungen, die wir mit Türen und Fenster vergleichen können. Eines dieser Tore ist die Vaginalöffnung der Frauen. Es führt in den Uterus, der ja für jeden Menschen das erste Haus bildet. So könnte ein einräumiges Haus durchaus symbolisch stehen für diesen ersten Wohnraum des Menschen. Dann würde «das Schließen dieser Türe» ein gänzliches Zurückgehen in diesen Uranfang bedeuten. Doch hatte das Haus im Traum Fenster und Fensterläden, der Uterus aber hat keine. Deshalb meine ich, daß mit dem Haus in diesem Traum nicht ein Rückzug in den mütterlichen Bauch gemeint ist. Viel eher sehe ich vor mir eines jener einfachen Häuser, deren Eingangsfassaden wie ein menschliches Gesicht aussehen. Besonders wenn die Türe oder das Tor einen Rundbogen hat, erscheint es als Mund, die Fenster als Augen oder manchmal auch als Ohren. Es gibt die Vorstellung, die menschlichen Sinne seien wie die Tore einer Stadt, durch welche das Leben hinein und wieder hinaus gehe. Wenn die Tore offen seien, sei die Stadt belebt, wenn die Tore geschlossen seien, sei es öde in der Stadt. Im allgemeinen stimmt dieser Vergleich sicher. Ein Mensch, der, im übertragenen Sinne, nicht sieht, nicht hört und sich nicht sprachlich ausdrückt, wirkt auf seine Mitmenschen stumpf und beziehungslos. In diesem Traum hat es aber wohl einen bestimmten Sinn, wenn der Träumer die Türe schließt. Dann kann er nicht mehr in die Außenwelt gehen, und nichts und niemand kann zu ihm hereinkommen. Setzen wir die Türe symbolisch für den Mund ein, dann kann das heißen, daß der Träumer keine Nahrung mehr aufnimmt, doch eher, daß er aufhört zu sprechen. Wenn er die Fenster schließt, kann er auch nicht mehr hinausrufen, vor allem aber hört er die Geräusche von außen nicht mehr. Das Schließen der Fensterläden endlich bedeutet das Ausschließen des Lichts, im Raum wird es dunkel – der Träumer schließt die Augen. Das kann heißen, daß er einschläft und seine Träume schaut, oder daß er bei geschlossenen Augen seinem inneren Leben nachgeht.

Durch die Öffnungen im Körper-Raum hätte die Energie des Träumers die Möglichkeit gehabt, in die Außenwelt zu fließen, durch das gänzliche Schließen von Augen, Ohren und Mund nimmt der Träumer seine Energie zurück nach innen, es bewirkt eine totale Konzentration der Energien auf sein inneres Leben. Die Bewegung der Arme beim Schließen der Türen und Fenster, besonders der Fensterläden, hat große Ähnlichkeit mit der Bewegung, mit welcher wir die Arme ganz nahe an uns herannehmen und vor dem Körper kreuzen oder verschränken. Das heißt: Zusammennehmen und Zusammenhalten der Energie, starke Konzentration auf sich selber.

Warum aber soll der Träumer sich nach innen wenden, nicht reden, nicht hören, was außen geredet wird, nicht sehen, was außen vor sich geht? Dieser Mann war Dozent an einer Hochschule. Er sammelte dauernd Informationen und gab sie an seine Studenten weiter. Er war immer unterwegs, spann eifrig seine Fäden in der Außenwelt und war äußerst gesellig. Man konnte sich mit ihm über «Gott und die halbe Welt» unterhalten, aber nicht über ihn selber. Bei all dieser Betriebsamkeit hatte er den Weg zu seiner inneren Welt verloren. Er wußte gar nicht mehr, wer er war, denn sein eigenes Denken und Fühlen war untergegangen. So war er zum Sprachrohr für andere geworden. Auf einmal wurde ihm diese Situation bewußt. In der Folge war er auf der Suche nach seiner eigenen Welt in Analyse gekommen und träumte den beschriebenen Traum. Durch sein eigenes Traumbild wurde ihm klar, daß er jetzt seinen übertriebenen Kontakt zur Außenwelt einschränken, seine Energie versammeln und sich ganz auf seine Innenwelt konzentrieren mußte. Er sollte schweigen, seine Augen und Ohren schließen und nur seine inneren Bilder und Träume erschauen.

Das Haus der Urmutter

Der Urraum kann in den Träumen auch als innerster Raum des Herzens, wo das Lebensfeuer brennt, erscheinen. Dann findet der Träumer dort eine tiefe Geborgenheit und inneren Frieden, die ihm weiterhelfen auf seinem Lebensweg.
Den folgenden Traum erzählte eine Frau von etwa fünfundvierzig Jahren, als sie nach einer langen Zeit voll Unsicherheit und Verlassenheitsängsten neuen Boden unter den Füßen zu spüren begann.
Vom Meer her landete ich mit irgendeinem Schiff an einem steinigen Ufer. Ich war ganz allein. Ich stieg über steile, felsige Klippen hinauf auf eine höhere Ebene. Als ich oben angekommen war, sah ich vor mir eine unendlich weite grüne Wiese; über mir den blauen Himmel, sonst gar nichts. Ich ging sehr lange über diese Wiese, ohne daß ich einen Baum, eine Blume oder einen Menschen sah. Ich suchte einen Weg. Ich fühlte mich sehr verlassen, aber ich fürchtete mich nicht. Ich dachte bei mir, wenn ich einen Weg finden würde, würde ich auch Menschen finden. – Auf einmal sah ich ein kleines, einräumiges, dunkles Holzhaus. Ich ging hinein. Es war ziemlich dunkel im Raum, nur links an der Wand brannte ein

offenes Herdfeuer. Davor stand eine Frau, welche ich im Dunkeln des Raumes kaum sehen konnte, denn auch die Frau war ganz dunkelbraun. Haus und Frau waren wie verschmolzen. Ich trat ans Feuer, und die braune Frau begrüßte mich freundlich. Nach einer Weile öffnete diese an der Wand gegenüber der Eingangstür eine zweite Tür, und im hellen Sonnenschein konnte ich einen blühenden Garten sehen. Die dunkle Frau zeigte mir die Richtung, in welcher ich auf einen Weg und später in ein Dorf gelangen würde. Ich ging durch den prächtigen Blumengarten und fand dahinter den Weg. Diesem folgte ich und freute mich, denn ich wußte ja, daß dieser Weg zu anderen Menschen führen würde.

Fühlen wir uns ein in die Stimmung im Traum und die Lebenssituation der Träumerin: Nach einer Fahrt auf dem Meer landet ein Schiff, die Frau steigt aus. Ist es eine Heimkehr oder die Landung in einem fremden Land? Wohl eher das zweite, denn die Frau traf auf nichts und niemanden, den sie kannte, sie war ganz allein, das Ufer unbekannt. Beim Aufstieg durch die Klippen wußte sie auch nicht, was sie oben antreffen würde. Zumindest war es dann nicht eine steinige Wüste, sondern eine grüne Wiese. Aber auch dort war sie immer noch ganz allein. Doch sie verzweifelte nicht, sondern begann zu gehen auf der Wiese, in der *Hoff-*

nung, andere Menschen zu finden. Schon allein diese Tatsache, daß sie in ihrer Verlorenheit doch vorwärtsgeht, gibt ein gutes Gefühl.
Doch versuchen wir zu verstehen, in welcher Situation sich diese Frau befand. Wir sagen oft, der Mensch sei ein Wanderer, das heißt, er sei zumindest zeitweise unbehaust und unterwegs zu einem neuen Zu-Hause. Äußerlich gesehen können in unserer Gegend nur noch wenige Menschen wirklich von sich sagen, sie seien auf der Wanderschaft. Im Gegenteil, wir sind äußerst seßhaft, sitzen an einem Ort auf unserem Hab und Gut. Wenn wir uns bewegen, dann schnell, im Flugzeug oder auf der Autobahn, wir eilen von «Haben» zu «Haben». Der echte Wanderer braucht Zeit und kann sich nicht belasten mit zu viel Habe, weil er sich langsam vorwärtsbewegt von Wegstation zu Wegstation. Die Wegstücke werden nicht durcheilt, sondern durchlebt. Zu seiner Orientierung braucht der Wanderer das Gespür für den Boden, auf welchem er geht, und den Blick auf den Stern am Himmel, der ihn leitet.
In unserer Zeit gilt dies vor allem im übertragenen Sinn für die seelische Wanderschaft, auf der sich doch recht viele Menschen befinden. Sie sind auf einer inneren Pilgerfahrt, suchen nach dem Sinn in ihrem Leben und seiner Verwirklichungsmöglichkeit. Auf diesem Weg sind sie immer wieder ein-

sam und unbehaust, weil sie das Gebäude ihres bisherigen Bewußtseins verlassen mußten, um sich für die Begegnung mit dem Neuen zu öffnen. Dies kann eine Zeit sein, die von größter Verlassenheit und Angst erfüllt ist. Unruhe, Unsicherheit, Zweifel, Verzweiflung, Desorientiertheit gehören dazu, Trauer über das Zurückgelassene, aber auch Hoffnung auf das Kommende.

Wo ist dann die Erde, die trägt, und der Stern, der leitet?

In diesem Zustand befand sich auch diese Frau, als ihr aus ihrem Innern dieser – doch tröstliche – Traum zukam. Allerdings war das Schlimmste schon vorbei, sie befand sich nicht mehr auf dem Meer, das für uns Menschen doch sehr gefährlich ist, weil es uns dauernd zu verschlingen droht. Sie war schon wieder an Land gekommen, hatte, innerlich gesehen, wieder Boden unter den Füßen. Es war sogar ein grünender Boden, eine immense Wiese. – Dieser «grüne Boden» ist für uns Menschen von größter Wichtigkeit und eng verbunden mit der dunklen Frau, die das Herdfeuer hütet. Sie stellt im Traum den leitenden Stern dar.

Wir alle kennen die Hüterin des Herdfeuers, aus unserem Erleben, aus den Märchen oder aus der Mythologie. Die Griechen nannten diese Göttin Hestia. Von ihr sagte man, daß sie niemals an Krieg oder Streitigkeiten teilnahm. Auch schützte sie als Göttin des Herdes in jedem Haus in jeder Stadt die um Obdach Bittenden. Sie wurde allgemein verehrt, nicht nur weil sie die mildeste, gerechteste und wohltätigste Göttin war, sondern weil sie auch die Kunst des Hausbauens erfunden hatte. – Daß die Kunst des Hausbauens tatsächlich mit dem Feuer zusammenhängt, kann sehr wohl sein, denn es scheint, daß die ersten Häuser nicht für den Menschen gebaut wurden, sondern zum Schutz für das Feuer. Dieses Feuer ist heilig, weil es immer wieder gleichgesetzt wird mit dem Leben des Menschen, dem Feuer, das brennt, solange wir leben (vgl. Rieß, Traumbild Feuer). Auch aus diesem Grunde ist ein Hausbau kein profanes Geschehen, weil es das heilige Feuer beschützt.

Wir spüren es: das Häuschen, in welches die Träumerin eintrat, ist der innerste Raum in ihrem Körper, wo sich *links* an der Wand das lebenserhaltende Feuer, ihr Herz befindet. In diesem innersten Herzraum trifft sie Hestia, die ihr inneren Frieden, Ruhe und Neuorientierung gibt. Dieser «Friede im Herzen» steht auch in Beziehung zur grünen Wiese, die das einfache, grünende, vegetative Leben bedeutet. Die selbstverständliche, tiefe Verbundenheit mit «unserer» Erde und der Blick auf unser innerstes, persönlichstes Gefühl, den Stern in unserem Herzen, sind es, die uns auf der Wanderschaft durch die Schwierigkeiten des

Lebens sicher geleiten, nicht die Größenphantasien des Geistes.

Es ist schwierig, die tiefe Bedeutung dieser grünen Ebene und Hestias, als Hüterin des Herzfeuers, zu beschreiben, denn beide gehören in eine Schicht des Seins und Spürens im menschlichen Leben, die sich nicht in Worten ausdrückt, sondern im Erleben. Für die Träumerin stand das Traumbild in enger Verbindung zu ihrer eigenen Mutter, die ohne viel zu reden einfach liebevoll da gewesen war, wenn die Träumerin sie brauchte. Dieses gute Da-Sein ihrer Mutter hatte sich in der Träumerin als grüner Boden festgelegt, welcher sie immer wieder aufnahm, wenn sie in einer Lebenskrise steckte. Es gab ihr das tiefe, gute Gefühl, angenommen zu sein vom Leben. Es hieß für sie: «Ja, du darfst sein, du bist aufgenommen auf dem grünen Boden des Lebens, und es gibt einen innersten Raum in dir, wo du immer wieder die Lebensmutter, die auch die deine ist, finden kannst. Sie hütet dein Lebensfeuer, und bei ihr findest du Neuorientierung auf deiner Suche und in deiner Verlassenheit.»

Für diese Träumerin hat die persönliche Mutter den grünen Boden fürs Leben gelegt. Für andere Menschen, die dieses Glück nicht hatten, könnte es auch ihre tiefe Verbundenheit mit der Natur sein, oder ein Stück Heimatboden, der ihnen im Sinne Hestias Obdach gibt.

Das Haus als gemeinsamer Raum in der Analyse

Ein besonderer Haustraum am Anfang einer Analyse scheint mir sehr bemerkenswert. Eine junge Frau kam zu einem ersten Gespräch in meine Praxis. Nach dieser ersten Stunde träumte sie:
Sie war auf dem Weg zu einem Haus, in welchem sie mich zu einer Analysestunde treffen sollte. Sie wußte, daß dies nicht das Haus ihrer Eltern war und auch nicht das Haus, in welchem sie selber wohnte. Sie ging auf das Haus zu und betrat es. An einem runden Tisch im Zentrum des Hauses erwarteten sie ihre Eltern und ihr Bruder. Auch ich kam hinzu, und alle zusammen tranken wir zuerst einmal gemütlich Kaffee. Dann aber meinte sie, dies sei ja doch ihre Stunde, und sie und ich gingen zusammen eine Treppe höher hinauf in einen luftigen, großen Dachraum. Das Besondere an diesem Raum war, daß der Boden nicht durchgehend eben war, sondern einmal höher, einmal tiefer, in der Art, wie man es von sogenannten Wohnlandschaften kennt.
Nachdem sie mir diesen Traum erzählt hatte, bat ich die junge Frau, das Haus möglichst genau zu beschreiben, weil es mir natürlich sehr wichtig war,

genau zu erfassen, in welchem symbolischen Haus ihr Traum uns für unsere gemeinsame Arbeit zusammengeführt hatte. Oft wird der Raum, der seelisch-geistige und der konkrete Praxisraum, in denen sich die Analyse als ganzheitlicher Prozeß langsam entwickelt, verglichen mit der Retorte, dem hermetischen Gefäß der Alchimisten, in welchem sie auf kleinem, aber stetem Feuerchen ihre Ausgangsmaterie kochten und die Transformation derselben in einen wertvollen Stoff vorantrieben und beobachteten. Mich interessierte also sehr die Qualität und Atmosphäre dieses Hauses als Wandlungsgefäß.

Die junge Frau beschrieb den Standort des Hauses, sein Äußeres und vor allem sein Inneres. Je deutlicher das Bild wurde, desto größer wurde mein Erstaunen. Sie zeichnete nämlich ziemlich genau das Bild meines eigenen Hauses! Vor allem beschrieb sie zutreffend die verwendeten Baumaterialien und die offene Anordnung der Räume, sogar der runde Tisch an zentraler Stelle fehlte nicht. Da die Träumerin nicht einmal wußte, wo ich wohnte, war es ausgeschlossen, daß sie mein reales Haus gesehen hatte. Hingegen ist mein Haus vor Jahren nach eigenen Plänen gebaut worden. Es entspricht mir sehr, und ich fühle mich stark damit verbunden. So erstaunlich es klingt, die junge Frau hatte auf unbewußtem Weg meine Persönlichkeit erfaßt und diese im Traum in der Gestalt meines Hauses erlebt. Nachdem ich früher ausgeführt habe, daß die Hausseele in hohem Maße vom Architekten geprägt wird, ist jetzt die Umsetzung einer Persönlichkeit in ein Haus in einem Traum verständlich. Das wirklich Ungewöhnliche ist das hohe Maß an Einfühlung und Intuition dieser jungen Frau. Sie schien die unbewußte Fähigkeit zu haben, sich in andere Menschen einzufühlen und diese sehr genau zu erfassen.

Viele Menschen haben diese Fähigkeit, nur weisen die meisten ihre Intuitionen als «unmöglich», «unheimlich» und «unwichtig» von sich. Informationen über sich selber und über andere Menschen oder sonstige Geschehnisse, welche ihnen auf Wegen zukommen, die sie nicht klar erkennen, logisch verfolgen und beweisen können, schieben sie als unsachlich von sich. Warum denn? Ist unser Leben nicht viel reicher und interessanter, wenn wir erkennen, daß es sich auf ganz verschiedenen Ebenen bewegt? Und wenn wir uns auch erlauben, auf diesen Ebenen zu gehen bzw. zwischen ihnen zu pendeln? Die rein rationale und nachprüfbare Seite in uns wäre für sich allein recht langweilig. Wo wären dann die spielerischen Phantasien und die zwischentönigen Ahnungen und Stimmungen? Wo wäre das lebendige Gewebe unserer Träume, wo die spontanen Einfälle? Sicher ist es klug, über die Träume nachzudenken und die Intuitionen zu überprüfen, denn aus unserem Unbewußten (aus all dem, was uns nicht bewußt ist) tauchen selbstverständlich sehr verschiedene Inhalte auf, auch Primitives (im negativen Sinn), Böses, Kriminelles, Irreführendes. Spielerische Phantasien stellen wir uns vielleicht heiter, fröhlich, harmlos tanzend vor. Man kann sich aber auch spielerisch ganz grauenhafte Bosheiten ausphantasieren! Eine kritische Einstellung im Umgang mit dem Unbewußten ist deshalb wichtig.

Kehren wir zum Traum zurück. Meine junge Analysandin hatte die Gabe der Intuition in hohem Maße. In ihrem Beruf als Ärztin war das für sie sehr wichtig und hilfreich, doch war sie auch kritisch genug, sich damit auseinanderzusetzen. Uns interessiert aber vor allem der Sinn des Traumes. Warum fand unsere Analyse in einem Haus statt, das mehr oder weniger *mein* Haus war? Und wie sollte man die Geschehnisse in diesem Haus deuten? Da der Traum am Anfang der Analyse stand, betrachte ich ihn als Initialtraum, dem erfahrungsgemäß prognostische Bedeutung zukommt. Ich meine, daß diese eine Analysestunde im Traum für den ganzen Verlauf unserer analytischen Arbeit stand. Im Eingangsgeschoß des Hauses saß die Träumerin mit ihrer Familie und mir um einen runden Tisch. Wir tranken friedlich Kaffee. Dieses

Bild deutet sich wohl selber. Es ist gewöhnlich so, daß am Anfang einer Analyse mit einem jungen Menschen die Jugendzeit und Familiensituation ins Gespräch kommt, manchmal mit heftigen Aggressionen und Anschuldigungen verbunden, manchmal friedlich, wie in diesem Traum.

Später im Traum besann sich die junge Frau auf ihr Wesen als Individuum und ging zusammen mit mir eine Treppe höher hinauf. Das würde heißen, wir verließen den Raum ihrer Kindheit und Jugend und begaben uns auf die höher entwickelte, geistige Ebene der Erwachsenen (im Traum: wir gingen in den oberen Stock). Dort arbeiteten wir «auf verschiedenen Ebenen» (was im Traum angezeigt wird durch die verschiedenen Bodenniveaus), mal mehr im Bewußtsein, mal mehr im Unbewußten. Dies bedeutete, daß wir einmal in den Stunden mehr über ihre Träume sprachen und einmal mehr über ihre persönlichen Alltags- und Berufsprobleme.

Was es aber bedeutete, daß der Rahmen für den analytischen Prozeß so stark durch meine Persönlichkeit geprägt war, daß die Analyse sozusagen in «meinem Gefäß» stattfand, habe ich erst im Laufe der Zeit richtig erfaßt. Es hieß, daß die Arbeit mit dieser jungen Frau sehr stark geprägt wurde durch meine Lebens- und *Berufs*erfahrung. Ich war für sie nicht eine nährende und wärmende Mutter, sondern eher eine geistige Mutter oder einfach eine Diskussionspartnerin mit größerer Erfahrung. Gerade meine Erfahrung als Psychologin *und* Architektin war für sie als Ärztin wichtig, weil sie für diesen Beruf ihr psychologisches Gespür ausbilden, aber auch mit ganz konkreten materiellen und organisatorischen Problemen fertig werden mußte.

Wandlung des Hauses als Wandlung der Persönlichkeit

Häuser in den Träumen können auch wackeln, Risse bekommen, auseinanderbrechen oder ganz zerstört werden. Oft träumt man von Ruinen, die dann entweder traurige, graue Überreste einer vergangenen Zeit darstellen, die jetzt tot sind, oder aber Mauerreste, welche irgendwo noch Leben in sich haben. Dann sind die Fundamente jenes Zeitgeistes noch tragfähig und eine Neuentwicklung möglich, so, wie manchmal aus den Wurzelstöcken abgeschlagener Bäume neue Schößlinge wachsen.

Bei solchen Träumen, wo sich Zerfall oder Zerstörung zeigt, müssen wir besonders genau auf die Details des Trauminhaltes achten, um herauszufinden, ob es sich um den Körper oder das Bewußtseinsgebäude eines Menschen handelt, oder vielleicht um beides. Beginnen öffentliche Gebäude zu wanken oder zusammenzubrechen, suchen wir nach der Art des Geistes oder der Kollektivseele, welche diesen innewohnen. Dann ist wohl mit diesen etwas nicht mehr in Ordnung. Es kann sein, daß die Beziehung zur Kirche rissig geworden ist, oder das Unterrichtssystem grundlegend verändert werden muß, wie es z. B. in einem Traum angezeigt wird, wo das Hauptschulhaus eines Träumers auseinandergenommen wurde, und die Fassaden umgekehrt, das Innere nach außen, wieder eingesetzt wurden.

In der Mehrzahl dieser Träume zeigt sich nach der Zerstörung der Häuser auf irgendeine Art eine Erneuerung oder Veränderung an. Ein eigenartiger Traum gab auch einen Hinweis, wie die Träumerin den totalen Zusammenbruch des Hauses überstehen konnte, und wie sich (dadurch?) das Haus auf besondere Weise wandelte. Er stammt von einer Frau, die sich sehr darum bemühte, ihren seelisch-geistigen Blickwinkel zu erweitern, ihre Lebensumstände auf eine neue Weise zu sehen, um damit besser leben zu können. Ich gebe nur das für unser Thema wichtige Kernstück wieder:

Die Träumerin befand sich in einer Art altmodischem Landgasthof – Kloster – Theater auf dem Lande. Dort war ihr ein kleines Zimmer zum Wohnen zugewiesen worden. Aus dem Fenster konnte sie tief unten einen breiten, stark fließenden Strom sehen, der hart an der Außenmauer des Hauses, das sie bewohnte, vorbeifloß. Sie wußte, es war der Rhein, doch erkannte sie, daß er nicht in seiner gewohnten Flußrichtung floß, sondern umgekehrt, nämlich von Norden nach Süden. Auch war ihr bewußt, daß der Fluß für das Haus gefährlich werden könnte. – Tatsächlich begann er plötzlich das Gebäude zu unterspülen, die Mauern brachen zusammen, Steine, Holzstücke, Möbel wirbelten im Wasser durcheinander, ein grauenhaftes Chaos entstand. Die Frau dachte, wahrscheinlich würde sie jetzt untergehen und sterben, doch gleichzeitig spürte sie, daß sie vielleicht überleben könnte, wenn sie sich ganz klein machen würde: Knie anziehen, Kopf einziehen, die Arme zum Schutze darüber halten, und ganz still warten würde bis die Katastrophe vorüber wäre. Tatsächlich ging diese vorbei, und als die Träumerin den Kopf hob und die Augen öffnete, sah sie, daß sich ihr Raum eigenartig verändert hatte: in den Fensteröffnungen waren keine Rahmen und Scheiben mehr, und die Wände waren ganz dünn und bläulich, irgendwie transparent geworden.

Dadurch, daß ich ein bestimmtes Stück aus diesem viel längeren Traum herausgenommen habe, kann ich nicht auf seine genaue persönliche Bedeutung für die Träumerin eingehen. Wir verstehen aber, daß diese Frau an einem ganz wichtigen Wendepunkt in ihrem Leben stand, denn der Fluß, welchen ich als ihren Lebensfluß interpretiere, floß auf einmal in der Gegenrichtung. Dies kann heißen, daß die Frau in der Lebensmitte stand und ihre ganze Persönlichkeit durch eine große Umwälzung erschüttert wurde. Dabei durfte sie offenbar nichts *machen,* nicht ins Geschehen eingreifen, sondern mußte sich ganz still verhalten und einfach warten. Auch mußte sie sich ganz einrollen, sich zusammenziehen und nach innen konzentrieren. In dieser Stellung ist das Herz im Zentrum des eingerollten Körpers. Ich meine, dies bedeute, daß die einzige Möglichkeit, eine solche Katastrophe, wie das Zusammenbrechen seines inneren Gebäudes, zu überleben, darin besteht, sich auf das reine Überleben zu konzentrieren, seinen Herzschlag dankbar zu spüren und sich im übrigen der Selbstheilungstendenz seiner Seele zu überlassen. Sie arbeitet ja wunderbarerweise heilend weiter, ohne daß wir bewußt eingreifen, oder gerade *weil* wir nicht bewußt eingreifen. Es lohnt sich auch, ganz still zu warten. In diesem Traum steht am Ende der Umwälzung das Haus wieder, der psychische oder auch der körperliche Raum der Träumerin hat sich wieder geformt. Das Durchsichtigwerden der Wände kann konkret oder im übertragenen Sinne verstanden werden. Es bedeutet, daß die Frau dünnhäutiger, sensibler, durchlässiger, damit aber auch ungeschützter geworden ist, und daß ihr Bewußtseinsgebäude transparenter und offener geworden ist. Sie hat durch diese Zerstörung und Wiederfindung ihres Raumes eine neue Durch-Sicht in ihrem Leben gewonnen.

Zwischen Aufbruch und Rückbindung

Eine junge Frau von 35 Jahren, verheiratet und Mutter von schulpflichtigen Kindern, erzählte den folgenden Traum. Er steht in einer Reihe von Aufbruchträumen mit Motiven wie: «ein Haus verlassen, Abreise ...», «Unterwegssein ...», «die Familie fährt in einem Auto weg, sie steigt in ein anderes Auto ...», «sie verreist, weiß aber nicht, was sie einpacken soll – beschließt zuletzt, nur leere Taschen mitzunehmen für Neues, das sie unterwegs erwerben will». Dann ein Traum, in welchem ein deutlich beschriebenes Haus eine große Rolle spielt:

Mein Mann sagte mir, er wolle mir eine Überraschung zeigen. Er brachte mich in ein Haus. Es war neu, hatte aber etwas Kulissenhaftes. Ich versuchte, mein Bett, das heißt meine Matratze darin zu plazieren. Auf die Frage meines Mannes, was ich denn tue, antwortete ich: «Ich versuche die Matratze so zu legen, daß ich eine Aussicht *habe!» (Vor allen Fenstern waren grasüberwachsene Schutthügel, die jede Aussicht versperrten.)*

Wir gingen weiter durch das Haus. Ich war gleichzeitig gerührt und entsetzt, verzweifelt. Das Haus hatte rosa Vorhänge und innen über den Fenstern moosbeklebte Schindeln. Es war möbliert mit hochglänzenden, lackierten Möbeln, die meine Schwiegermutter gestiftet hatte. Direkt vor dem Haus war ein türkisblaues, rechteckiges, ummauertes Schwimmbassin, in welchem sich eine dicke Frau wie eine Robbe schwimmend wälzte.

Ich versuchte mich zu freuen; wußte, daß alle das von mir erwarteten! *Auch war ich erstaunt, wie mein Mann das geschafft hatte, ohne daß ich etwas davon gemerkt hatte. Das Haus war so unmöglich gebaut, daß ich es einfach nicht fassen konnte, daß er so etwas bauen konnte. Ich fragte ihn, woher er denn das Geld genommen hätte. Er sagte, meine Eltern hätten ihm mein «Erbe» gegeben . . .*

In meiner Verzweiflung beschloß ich schließlich, noch den Keller anzusehen. Dort gab es wunderschöne alte Häuser in verwaschenen Farben, wie ich sie von Bildern alter Maler, z. B. Breughel, kenne. Da waren gewundene Gassen, zerlumpte, geschäftige, zufriedene Leute, ein Markt mit lebhaftem Treiben. Varieté-Künstler, Menschen, die Lebenslust ausstrahlten usw. Ich merkte, daß es eine ganze Stadt war und dachte mir, daß das wenigstens eine Art akzeptabler Umwelt sei. Ich traf auch Leute und redete mit ihnen, war aber doch eine Fremde in der Stadt. Ich fühlte mich glücklich und wohl.

Schließlich ging ich wieder in den oberen Teil des

Hauses, setzte mich zu meinem Mann in den Wohnraum und überlegte, was ich nun mit den glänzenden Möbeln, dem rosa Boden und Vorhängen, der ganzen Staffage tun könnte. Mein Blick fiel auf eine schöne Sandsteinbank, die mit rosagemustertem Kontaktpapier überklebt war. Ich sagte meinem Mann, daß ich das wegnehmen würde. Er erklärte mir, das gehe nicht, denn darunter wäre die Bank noch rosaroter. Darauf erschien meine Mutter und erzählte, sie habe meinem Mann gesagt, daß Rosa meine Lieblingsfarbe sei. Ich begann mich zu wehren . . . und erwachte.

Der Traum ist in seinem ersten Teil erschreckend. Die Frau ist in diesem Traumhaus völlig fremdbestimmt. Ihr Mann baut ihr ein Haus, das ihr in keiner Weise entspricht. Die hochglänzenden Möbel, die für ihr Empfinden entsetzlich sind, hat die Schwiegermutter gestiftet. Die vorherrschende Farbe Rosa hat ihre eigene Mutter bestimmt. Die Träumerin assoziiert dazu Idylle, Kitsch, Harmonie als unechter, süßlicher Aspekt des Familien- und Mutterbildes! Um das Haus zu finanzieren, haben ihre Eltern ihr Erbe ihrem Manne ohne ihr Wissen zur Verfügung gestellt. An das Schwimmbassin erinnert sie sich mit extremem Entsetzen. Sie sieht darin die Gefahr des möglichen Sichwohlfühlens in diesem Surrogat des «Lebenswassers», dem «ummauerten Lebenselement».

Die Situation der jungen Frau in diesem Haus ist aussichtslos, denn vor den Fenstern hat es ja nur Schutthügel – einzig im Keller findet sie eine Stadt voller Lebenslust und Lebensfreude!
Wie kommt eine Frau in diese Lage, die auch vielen anderen Frauen bekannt ist? Ist auch sie ein «Opfer der Männerwelt» geworden?
Selber meinte sie folgendes dazu: als sie heiratete und Kinder bekam, nahm sie es als selbstverständlich hin, daß sie ihren Familiennamen aufgeben mußte, ebenso ihren sehr geliebten Beruf und damit ihre finanzielle Unabhängigkeit und auch ihre Wohnung, in welcher sie sich sehr wohlgefühlt hatte. Daß der Ehemann die Wohnung bestimmte, entsprach nicht nur dem damaligen Gesetz, sondern war auch sehr wichtig für sein Selbstwertgefühl. Und die Frau? Sie gab einen sehr großen Teil ihrer, für das Selbstwertgefühl äußerst wichtigen Selbständigkeit auf, um sich ihrer Rolle als Ehefrau und Mutter anzupassen. Wie die Träumerin selber sagte, «tauchte» sie völlig in diese Rolle ein und «funktionierte» darin während Jahren bestens. Sie liebte es, für ihre Familie zu sorgen. Sie erfüllte ihre Mutterrolle sogar so gut, daß nicht nur ihre Familie, sondern auch ihre Freunde und Bekannten von ihrer Mütterlichkeit mehr und mehr profitierten. Was die junge Frau anfangs gerne gegeben hatte, begann sich nun gegen sie zu wenden, und

sie fühlte sich von den kollektiven Erwartungen an ihre Leistungsfähigkeit erdrückt. Auch meldete sich ihr verdrängtes und verlorenes Eigenleben wieder, vorerst in der lebenslustigen Stadt im Keller des Traumhauses.

War sie nun ein Opfer ihres Mannes geworden? Es fällt auf, daß ihr Mann im Traum eher eine hilflose Rolle spielt. Dies entsprach auch der Überzeugung der Träumerin, daß nicht ihr Mann die Schuld trage für die nun verzweifelt gewordene Lage, sondern daß sie *beide* bei ihrer Eheschließung unbewußt in die traditionelle Rollenteilung zwischen Mann und Frau hineingeglitten waren. Beide waren sich nicht bewußt gewesen, daß diese Rollenverteilung für die Frau eine Bedrohung oder sogar die Zerstörung ihrer Autonomie bringen könnte und sich deshalb für Frau *und* Mann unglücklich auswirken würde. Ich meine, daß die Träumerin auch mit Recht bemerkte, die Einschränkung der Eigenständigkeit vieler Frauen werde von der Öffentlichkeit sogar gutgeheißen und gefördert. Sie empfand das Traumhaus – nicht den Keller – als Ausdruck für eine Falle der falsch verstandenen, übermäßigen Mütterlichkeit, in die sie geraten war, ohne es rechtzeitig zu merken und ohne daß jemand Bestimmtem die Schuld dafür gegeben werden konnte.

Oder doch? Bestimmten nicht die Mutter und die

Schwiegermutter die Einrichtung des Hauses, welche der jungen Frau so gar nicht entsprach? Sie meinte dazu, daß sie von den Müttern «eine gewisse, sadistische Freude» spürte darüber, daß nun die Falle auch bei ihr, der Tochter, zugeschnappt war. Die Falle, welche die persönliche Welt dieser Mütter zerstört hatte, indem sie die kollektiven Erwartungen ihrer Zeit an eine Frau erfüllten. Sie war sich aber sehr bewußt, daß sie «die Mütter» auch als eigene Wesensteile in sich trug, sonst wäre sie nie in die Falle gegangen!

Doch war ihre innere, persönliche Welt nicht ganz untergegangen, sie zeigte sich wieder in ihren Träumen, ganz besonders schön in diesem Traum. Sie stieg in den Keller hinunter und fand in dieser lebendigen Stadt auch, wie sie sagte, Unperfektheit, Erdigkeit, elementare Lebenslust und relative Freiheit von Normierung. Wir sehen deutlich, was ihr gefehlt hat!

In seinen «Erinnerungen, Träumen, Gedanken» schreibt C. G. Jung oft über das Haus als eine Art Bild von der Psyche. Im Keller, der ins Dunkel der Erde hineingebaut ist, lebt das Reich des Unbewußten, des Ursprünglichen, des Erdigen. Eine spätere Assoziation der Träumerin zu diesem reichen Leben im Keller richtete sich nicht nur auf ihr persönliches Erleben, sondern auf dasjenige vieler Frauen. Sie meinte, daß sich das, was eine Frau ganz zuinnerst sei und fühle, immer noch weitgehend im dunklen Keller, das heißt im Unbewußten abspiele. Das stimmt wohl weitgehend, doch ebenso für die Männer. Auch sie bewegen sich oft im «oberen Stock» der allgemeinen Normen, und ihre bunte Lebenslust lebt im Keller!

Interessant ist, daß sich diese Frau zur Zeit des Traumes tatsächlich mit dem Reich des Unbewußten eingelassen hatte. Zur Erweiterung ihres früheren Berufes hatte sie ein Psychologiestudium begonnen. Der Traum zeigte ihr aber, daß ihre Welt noch gespalten war in die fremdbestimmte und aussichtslose Familiensituation im oberen Stock des Hauses und die persönliche, farbige Welt im Unbewußten. Immerhin ging sie am Ende des Traumes hinauf in den Wohnraum und setzte sich zu ihrem Mann, um die Möglichkeit einer Veränderung dieser Lage zu besprechen. Noch einmal mischte sich die Stimme der Mutter ein und versuchte sie auf die Seite dieses unechten, süßlichen Familien- und Mutterbildes zu ziehen, sie aber begann sich zu wehren – und erwachte!

Das Kristallhaus als Zugang zur innersten Welt

Zum Schluß möchte ich einen eigenen Traum erzählen, der uns ein Haus aus einer ganz anderen Welt zeigt:
Im Traum sah ich einen heiter sprudelnden Wasserstrom, ähnlich einer Quelle, die aus dem Boden springt. Auf diesem fließenden Wasser wurde von rechts ein kleines Haus dahergetragen, welches die Form eines Bergkristalles hatte und wie ein Edelstein leuchtete in smaragdgrünen und königsblauen Farben.

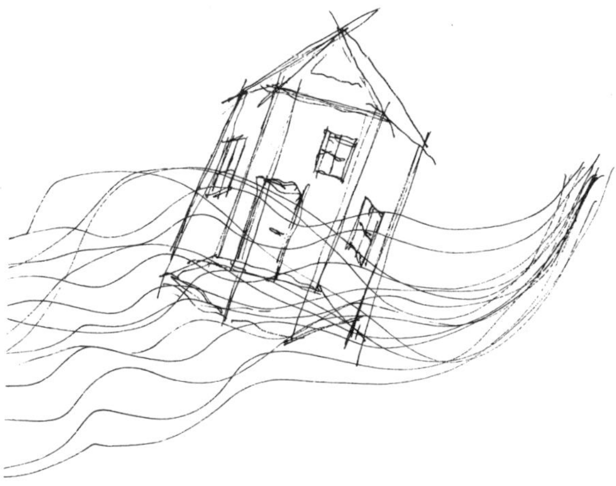

Als erstes hinterließ mir der Traum ein großes Glücksgefühl und ein Staunen über das strahlende, wunderschöne Bild, das ich gesehen hatte. Die Verbindung des in weichen, fließenden Wellen so lebendig dahersprudelnden Wassers und des Hauses in der klaren, vollendeten Form eines Bergkristalles, glänzend, flächig, strukturiert, war so schön und stimmig und doch so ungewöhnlich. Es war ein Haus aus einer anderen Welt, das ich nur für kurze Augenblicke gesehen hatte, aber nicht mehr vergessen kann. Haus und Wasser hatten dieselben Farben, königsblau und smaragdgrün, das Wasser in weichen, spielenden Tönen, das Haus in klaren, leuchtenden Farbflächen – wie wenn das Haus Form gewordenes, gefrorenes Wasser wäre. (Vgl. auch Anderten, Traumbild Wasser.)
Das kleine leuchtende Edelsteinhaus hat etwas Märchenhaftes an sich. Ich stelle mir vor, das Wasser habe das Haus für mich herangetragen, es irgendwo ans Land gespült, und dort würde es nun fest stehen – vielleicht auf einer grünen Wiese unter tiefblauem Himmel.
Ich erlaube mir jetzt, in meiner Imagination näher zu dem fremden Haus hinzugehen, und bitte meine Leser, mich dabei zu begleiten. Im Nähergehen geschieht das, was in unserer Phantasie eben möglich ist: die Dimensionen verändern sich, das Haus wächst, oder ich werde ganz klein, so daß ich

durch die Türe ins Haus eintreten könnte, wenn ich wollte. Doch noch ist es nicht soweit, erst stehe ich vor den leuchtenden Kristallflächen des Hauses. Ich sehe Fenster und eine Türe, aber ich kann nicht in das Innere des Hauses sehen. Ist es, weil die strahlenden Farben aus dem Inneren herausleuchten und mich blenden? Oder spiegelt das Haus das tiefe Blau des Himmels, das Grüne der Wiese und das vorbeifließende Wasser und verbirgt mir so sein Inneres? Oder leuchtet und spiegelt es zugleich? Ist es Sonne und Mond in einem? Ist es vielleicht gar kein Haus, sondern bin ich es selber, wo doch dieses Blau und dieses Grün zu meinen liebsten Farben gehören? Spiegelt es mein Selbst? – Ich weiß es nicht, denn, würde ich mich wohl erkennen, wenn ich mich in meiner Kristallform, vom Wasser vorbeigetragen, sehen würde? Oder wärc ich *auch* das sprudelnde, lebendige Wasser, die bewegte Energie, ohne die das Kristallhaus als klarste Form gewordene Energie nicht erschienen wäre? Die ruhende Form und die fließende Bewegung gehören zusammen, sie bilden eine Ganzheit, die mir in *dieser* Nacht in *diesem* Bilde gezeigt wurde.

Die Vorstellung von diesem Kristallhaus ist zauberhaft und faszinierend. Warum wohl?

Manchmal reden wir von kristallklarem Denken und meinen dann, daß jemand ein Gedankengebäude so aufzubauen weiß, daß es für uns durchsichtig und klar verständlich wird. Wir sehen den Verlauf der Gedankengänge und die Struktur der Gedankenräume deutlich, weil kein verzierendes oder verunzierendes Beiwerk vom Wesentlichen ablenkt. Diese Art Denken wirkt hell, logisch, brillant, es wird von keinen weichen, schattigen, zwischentönigen Nebengedanken getrübt oder verunsichert. Wir können es vergleichen mit der klar durchsichtigen Spitze eines Bergkristalles, die hell, rein und leuchtend ist.

Manchmal vergleichen wir auch ein äußeres Bauwerk mit einem Kristall. Diesen Eindruck geben vor allem Gebäude mit großen, durchgehenden Glasfassaden. Sie sind scheinbar durchsichtig, weil wir in unserer Vorstellung Glas mit Durchsicht verbinden, in Wirklichkeit aber sind sie es nicht, sondern wirken auf eine fast unheimliche Weise unreal. Sie zeigen keinen eigenständigen, festumrissenen Hauscharakter, sondern widerspiegeln ihre Umgebung, die vorbeiziehenden Wolken, die Bäume oder das Wasser. Am Tage zeigen sie kein Eigenleben, erst in der Nacht, wenn die Umgebung dunkel ist, leuchten sie von innen her auf. Diese Gebäude sind wie Menschen, deren eigene Persönlichkeit am Tage nicht sichtbar und spürbar wird, weil sie dauernd ihre Mitmenschen spiegeln. Ob es bei den spiegelnden Menschen auch so ist wie bei den Glashäusern, daß sie erst in der Nacht von innen her erleuchtet werden? Wenn Dunkelheit und Schlaf es unmöglich machen, die Umwelt zu spiegeln, dann erhellen vielleicht die Träume die Menschen. Wie oft geht es uns doch so, daß wir das eigentliche Wesen eines Menschen erst durch seine Träume erahnen können! Das innere Wesen dieser Häuser erkennen wir als Draußenstehende erst in der Nacht durch ihr inneres Licht, am Tage sind es Spiegelhäuser. Sie haben vom Bergkristall die klaren Formen und die spiegelnden Flächen.

Betrachten wir nun einen echten Bergkristall. Er hat viel mehr in sich als geometrische Grundformen, spiegelnde Flächen und durchsichtige Klarheit! Er birgt in sich geheimnisvolle Innenräume, die sich mit wechselnder Blickrichtung und wechselndem Lichteinfall dauernd verändern. Lange Zeit können wir ihn betrachten, er zieht uns in sich hinein, sein Zauber nimmt uns gefangen.

Doch wir stehen ja vor dem Kristallhaus des Traumes, dessen grün-blaues Feuer von *innen heraus leuchtet* und das gleichzeitig die Farben der Natur *spiegelt.* Innen und Außen sind eines; eines spiegelt das andere.

Und jetzt gehe ich auch hinein, die Türe steht offen – ich betrete mein Haus, begehe mein Haus, begegne meinem Haus. Alles, was mir in diesem Haus begegnet, entspricht meiner Phantasie, kommt mir aus bekannten und unbekannten Räumen meiner Seele entgegen. All dem begegne ich mit einem Staunen, das nicht nur kindlich und freudig ist, sondern auch die Furcht in sich trägt vor der Begegnung mit dem Unbekannten.

Zuerst sehe ich ganze Raumlandschaften aus leuchtend smaragdgrünen Kristallen. Die Formen sind geometrisch, klar, nüchtern, die Flächen fühlen sich glatt und kühl an. Alles wirkt durch die Schönheit der einfachen Grundformen erhaben, königlich, doch eigentümlich distanziert, dem Menschlichen entrückt. Hingegen dort, wo die Sonne daraufscheint, werden die Kristalle warm, beginnen zu funkeln, blau-grün und in allen Farben des Regenbogens! Die Lichtstrahlen erwecken ihr inneres Leben, und die Wärme bringt sie dem menschlichen Körpergefühl näher. Dann höre ich das Wasser der Quelle rauschen, es ist das Lebendige, Schwingende, das die Kristalle zum Singen bringt. In diesem hellen Klingen beginnen sie sich zu bewegen, und im Hintergrund des Hauses entsteht eine Öffnung, die hinausführt in eine weite, fremde Landschaft. So wird das Kristallhaus zum Tor zu einer anderen Welt. Meiner Phantasie sind keine Grenzen der Realität gesetzt, nur die Begrenzung meiner Imaginationskraft zwingt mich, bei meiner Begegnung mit dieser anderen, inneren Welt stillzustehen.

Nun muß ich warten, bis mir neue Kräfte zukommen für diese innere Reise, Kräfte für meinen inneren Baumeister, welcher fortwährend diese Welt neu entstehen läßt, und Kräfte für den Wanderer in mir, der diese eben erst erschaffene Welt entdeckt. Es ist ein Wechselspiel zwischen Weltschöpfer und Weltentdecker, wobei wir auch sagen können, das Unbewußte gebe die neue Welt frei und das Bewußtsein entdecke sie und setze sich mit ihr auseinander. Diesem Spiel der Kräfte sind Grenzen gesetzt, die innere Reise braucht Zeit. Vielleicht geht sie morgen weiter, vielleicht erst in einem Jahr!

Mag sein, daß auch Sie, lieber Leser, durch die Tür Ihres Kristallhauses gegangen und Ihrer inneren Welt begegnet sind. Ist Ihnen dasselbe nicht auch schon geschehen, als Sie lange Zeit in einen stillen Teich schauten, in eine Glaskugel, einen Bergkristall oder einen Edelstein? Dinge, die spiegeln und doch nicht spiegeln, in die wir nicht hineingehen können und doch hineingehen können, führen uns in diese Zwischenwelt der Imagination, welche nicht greifbar, aber doch voller Farben und Formen, Gerüche und Töne ist. Es ist eine andere Wirklichkeit, ein anderes Leben, der wir mit Staunen oder Schrecken, Freude oder Angst begegnen.

Betrachten wir noch einmal das Traumbild, wie es erschien: ein tiefblau und grün leuchtendes Kristallhaus kommt auf dem sprudelnden, in bläulichen und grünlichen Tönen spielenden Wasser dahergetrieben. Es war mein letzter Traum zu meiner Arbeit an diesem Buch und hatte in seiner großen Schönheit etwas Numinoses an sich. Deshalb möchte ich bei diesem Bild stehen bleiben. Das Wasser trug es von rechts heran, nicht aber nach links wieder weg. In der Mitte blieb es stehen – das Traumbild Haus.

Literatur

Alexander, Christopher: Das Linz Café, Löcker, Wien 1981

Anderten, Karin: Traumbild Wasser. Von der Dynamik unserer Psyche, Walter, Olten 1986

Bachelard, Gaston: Poetik des Raumes, Ullstein, Berlin 1975

Bächtold-Stäubli, Hanns (Hrsg.): Handwörterbuch des Deutschen Aberglaubens, Berlin/Leipzig 1942, zu «Bauopfer»

Eliade, Mircea: Von Zalmoxis zu Dschingis-Khan, Edition Maschke, Hohenheim 1982

Götze, Heinz: Castel del Monte, Prestel, München 1984, zu «Achteck»

Jung, Carl Gustav: Erinnerungen, Träume, Gedanken; Walter, Olten 1971, Sonderausgabe 1985

Ranke-Graves, Robert von: Griechische Mythologie, Rowohlt, Hamburg 1960, zu «Hestia»

Riedel, Ingrid: Tabu im Märchen. Die Rache der eingesperrten Natur, Walter, Olten 1985

Rieß, Gisela: Traumbild Feuer. Von der elementaren Wandlungskraft, Walter, Olten 1986

Sauer, Gert: Traumbild Schlange. Von der Vereinigung der Gegensätze, Walter, Olten 1986

Die Autorin

Ruth Ammann, *Jahrgang 1934, Abitur, Studium der Architektur an der ETH, Zürich. Abschluß als Dipl. Architektin. Heirat, drei Kinder; 1959–71 als Architektin tätig. 1972–79 Studium der Analytischen Psychologie am C. G. Jung-Institut Zürich und spezielle Ausbildung in Sandspieltherapie (auch für Erwachsene); Diplomarbeit: «Eine Kinderanalyse anhand von Sandbildern aus der Sicht der Psychologie C. G. Jungs.» Dozentin am Jung-Institut, Psychotherapeutin in eigener Praxis, mehrere Publikationen.*

In der Reihe
Träume als Wegweiser
sind bisher erschienen:

Helmut Hark
Traumbild Baum
Vom Wurzelgrund der Seele

Gisela Rieß
Traumbild Feuer
Von der elementaren Wandlungskraft

Mechthild Pouplier
Traumbild Fisch
Vom Leben in der Tiefe der Seele

Ingrid Riedel
Traumbild Fuchs
Von der Klugheit unserer Instinkte

Gert Sauer
Traumbild Schlange
Von der Vereinigung der Gegensätze

Anita von Raffay
Traumbild Unterwelt
Von den dunklen Göttern der Tiefe

Karin Anderten
Traumbild Wasser
Von der Dynamik unserer Psyche

Verena Kast
Traumbild Wüste
Von den Grenzerfahrungen unseres Lebens

Walter-Verlag